NEUWALD • RATHMANN

Fälle und Lösungen zum BPolG

Fälle und Lösungen zum BPolG

für die Ausbildung in der Bundespolizei

Nils Neuwald
Erster Polizeihauptkommissar, Diplom-Verwaltungswirt (FH), M. A., Fachkoordinator der Fachgruppe Recht und Verwaltung am Bundespolizeiaus- und -fortbildungszentrum Neustrelitz, derzeit abgeordnet zur Deutschen Hochschule der Polizei in Münster-Hiltrup

und

Elisabeth Rathmann
Erste Polizeihauptkommissarin, Diplom-Verwaltungswirtin (FH), Dienstgruppenleiterin in der Bundespolizeiinspektion Flughafen Berlin Brandenburg, vormals Polizeifachlehrerin und Fachverantwortliche für Einsatzrecht im VmPVD am Bundespolizeiaus- und -fortbildungszentrum Neustrelitz

3., überarbeitete Auflage, 2022

BOORBERG

Bibliografische Information der Deutschen Nationalbibliothek |
Die Deutsche Nationalbibliothek verzeichnet diese Publikation in der Deutschen Nationalbibliografie; detaillierte bibliografische Daten sind im Internet über www.dnb.de abrufbar.

3. Auflage, 2022
ISBN 978-3-415-07221-3

Satz: abavo GmbH, Nebelhornstraße 8, 86807 Buchloe |
Druck und Bindung: Laupp & Göbel GmbH, Robert-Bosch-Straße 42, 72810 Gomaringen

Richard Boorberg Verlag GmbH & Co KG | Scharrstraße 2 | 70563 Stuttgart
Stuttgart | München | Hannover | Berlin | Weimar | Dresden
www.boorberg.de

Vorwort zur 3. Auflage

In der Ausbildung des mittleren Polizeivollzugsdienstes der Bundespolizei sind im Fach Einsatzrecht/Verkehrsrecht schriftliche Prüfungsarbeiten, in Form von Aufsichtsarbeiten sowie Zwischen- und Laufbahnprüfungen, zu erbringen.

Den Anwärtern fällt es erfahrungsgemäß schwer, trotz richtig erkanntem Ergebnis die Lösung korrekt niederzuschreiben. Hierbei soll das vorliegende Buch eine Hilfestellung bieten. Es enthält zahlreiche Sachverhalte zu den präventiven Standardmaßnahmen im bundespolizeilichen Aufgabenbereich. Diese werden regelmäßig gemäß Ausbildungs- und Stoffverteilungsplan in Prüfungen und Aufsichtsarbeiten geprüft.

Alle Sachverhaltslösungen sind komplett ausformuliert und entsprechen dem verbindlich festgelegten Prüfungsschema für die rechtliche Begründung von Eingriffsbefugnissen. Die Lösungen basieren auf den bundesweit harmonisierten Arbeitsunterlagen für die Ausbildung des mittleren Polizeivollzugsdienstes und der Verfahrensanweisung der Bundespolizeiakademie für die Erstellung von Prüfungsarbeiten.

In einem einführenden Abschnitt wird zu Beginn des Buches zudem das Prüfungsschema ausführlich dargestellt. Es werden Bearbeitungshinweise zu jeder einzelnen Ziffer des behördlich vorgegebenen Prüfungsschemas gegeben.

Wir wünschen allen Leserinnen und Lesern viel Freude bei der Lektüre des Buches und gutes Gelingen bei der Lösung der schriftlichen Aufsichts- und Prüfungsarbeiten.

Berlin/Münster-Hiltrup, im Frühling 2022 Die Verfasser

Inhalt

Abkürzungsverzeichnis

§/§§	Paragraf/Paragrafen
Abs.	Absatz
AEUV	Vertrag über die Arbeitsweise der Europäischen Union
Alt.	Alternative
Art.	Artikel
AufenthG	Aufenthaltsgesetz
B	Bundesstraße
BGB	Bürgerliches Gesetzbuch
BGS	Bundesgrenzschutz
BMI	Bundesministerium des Innern
BPOL	Bundespolizei
BPOLD	Bundespolizeidirektion
BPOLI	Bundespolizeiinspektion
BPolG	Bundespolizeigesetz
BPolZV	Verordnung über die Zuständigkeit der Bundespolizeibehörden
DB AG	Deutsche Bahn Aktiengesellschaft
DGL	Dienstgruppenleiter
d. h.	das heißt
DS	Durchsuchung
f./ff.	folgende/fortfolgende
FAA	Fahrkartenautomatenaufbruch
FamFG	Gesetz über das Verfahren in Familiensachen und in den Angelegenheiten der freiwilligen Gerichtsbarkeit
gem.	gemäß
GG	Grundgesetz
grds.	grundsätzlich
ICE	Intercityexpress
IDF	Identitätsfeststellung

i. e. S.	im engeren Sinne
i. S. d.	im Sinne des
i. V. m.	in Verbindung mit
i. w. S.	im weiteren Sinne
JVA	Justizvollzugsanstalt
km	Kilometer
Lkw	Lastkraftwagen
LmPVD	Laufbahnlehrgang für den mittleren Polizeivollzugsdienst (3. Dienstjahr)
LuftSiG	Luftsicherheitsgesetz
Nr.	Nummer
o. g.	oben genannte(r)
OWi	Ordnungswidrigkeit
PHM	Polizeihauptmeister
PHMin	Polizeihauptmeisterin
PK	Polizeikommissar
Pkw	Personenkraftwagen
PVB	Polizeivollzugsbeamter
PVD	Polizeivollzugsdienst
RGL	Rechtsgrundlage
RGV	Rechtsgutverletzung
SDÜ	Schengener Durchführungsübereinkommen
SGK	Schengener Grenzkodex
StGB	Strafgesetzbuch
StPO	Strafprozessordnung
UZwG	Gesetz über den unmittelbaren Zwang des Bundes
VmPVD	Vorbereitungsdienst für den mittleren Polizeivollzugsdienst (1. Dienstjahr)
VwVG	Verwaltungsvollstreckungsgesetz
VwVfG	Verwaltungsverfahrensgesetz
z. B.	zum Beispiel

Kapitel 1
Einführung in die öffentlich-rechtliche Fallbearbeitung

In der Ausbildung des mittleren Polizeivollzugsdienstes in der Bundespolizei sind im Fach Einsatzrecht/Verkehrsrecht schriftliche Prüfungen, in Form von Aufsichtsarbeiten sowie Zwischen- und Laufbahnprüfungen, zu bewältigen.

Die fachinhaltliche Verantwortung für die Erstellung der Prüfungsarbeiten liegt bei der Bundespolizeiakademie sowie den Fachgruppen Recht und Verwaltung der Aus- und Fortbildungszentren.

1.1 Inhaltliche Grundsätze

Der fachinhaltliche Schwerpunkt wird, neben dem Straf- und Zwangsrecht, bei den Eingriffsbefugnissen aus dem Polizei- sowie dem Strafprozessrecht gesetzt. Hierbei werden aktuelle Rechts- und Kriminalitätsentwicklungen im Zuständigkeitsbereich der Bundespolizei berücksichtigt.

Als Örtlichkeiten des Geschehens sind die jeweiligen Musterinspektionen vorgesehen. Diese sind für den Bereich der grenzpolizeilichen Aufgabe die Bundespolizeiinspektion Forst, für die bahnpolizeiliche Aufgabe die Bundespolizeiinspektion Hamburg und für die Wahrnehmung der Aufgabe Luftsicherheit die Bundespolizeiinspektion Hamburg Flughafen.

Die Grenzen des zulässigen Prüfungsstoffs ergeben sich aus dem Lernfeld (Lernfeld = Prüffeld) auf Grundlage der bundesweit harmonisierten Lehrunterlagen. Es werden zukunftsorientierte Fragestellungen („ex ante“) bei Befugnissen und Maßnahmen verwendet.

1.2 Prüfschema für die rechtliche Begründung von Eingriffsmaßnahmen

Das für die Prüfung der polizeilichen Befugnisse zugrunde gelegte „Schema für die rechtliche Begründung von Eingriffsmaßnahmen“ basiert auf der Anlage 3 des Ausbildungsplanes für den VmPVD der Bundespolizeiakademie vom Januar 2020. Es enthält die rechtlichen Anforderungen, die im polizeilichen Alltag im mittleren Polizeivollzugsdienst bei der Anwendung von Eingriffsmaßnahmen zu beachten sind. Es soll vor allem dazu führen, dass sich Polizeibeamtinnen und Polizeibeamte der Bundespolizei rechtssicher zum Handeln oder Nichthandeln entschließen. Das Prüfschema darf aber nicht dazu verleiten, jeden Punkt im gleichen Umfang und mit der gleichen Intensität zu bearbeiten. Der Sachverhalt und die Aufgabenstellung bestimmen den Lösungsweg.

Das Prüfschema ist ebenso wie unkommentierte Gesetzestexte bei der Zwischenprüfung des 1. Dienstjahres (VmPVD) zugelassen und wird als Anlage der Prüfungsarbeit beigefügt. Die schriftliche Prüfungsarbeit im 3. Dienstjahr, dem Laufbahnlehrgang (LmPVD), muss ohne beigefügtes Prüfschema gelöst werden.

1.3 Gesamtübersicht Prüfschema

1 **Entscheidung**
  - 1.1 Entscheidung zu präventivem oder repressivem Handeln
  - 1.2 Benennung der zu treffenden Maßnahmen

2 **Zuständigkeit**
  - 2.1 Sachliche Zuständigkeit
  - 2.2 Örtliche Zuständigkeit

3 **Eingriff**
  - 3.1 Befugnisnorm
  - 3.2 Adressat
  - 3.3 Allgemeine Rechtmäßigkeitsvoraussetzungen/Verhältnismäßigkeit
  - 3.4 Besondere gesetzliche Pflichten/Formvorschriften
  - 3.5 Feststellung der Rechtmäßigkeit der Maßnahme

4 **Zwang**
  - 4.1 Benennung der Art des Zwanges
  - 4.2 Zulässigkeit der Vollstreckung
  - 4.3 Adressat des Verwaltungszwanges
  - 4.4 Zur Anwendung unmittelbaren Zwanges berechtigte Personen
  - 4.5 Besondere Vorschriften
    - Androhung
    - Besondere Anforderungen
  - 4.6 Allgemeine Rechtmäßigkeitsvoraussetzungen/Verhältnismäßigkeit
  - 4.7 Feststellung der Rechtmäßigkeit der zwangsweisen Durchsetzung dieser Maßnahme

1.4 Erläuterungen zum Prüfschema

Ziffer 1 Entscheidung

Ziffer 1.1 Entscheidung zu präventivem oder repressivem Handeln

Der Einstieg in die öffentlich-rechtliche Fallbearbeitung erfolgt über die Betrachtung des **polizeilichen Anlasses**, der sich regelmäßig als Rechtsgutverletzung, d. h. vielfach als Verstoß gegen eine oder mehrere gesetzlich festgeschriebene Normen verstehen lässt.

In den meisten Fällen handelt es sich um eine Gefahr, eine Straftat oder eine Ordnungswidrigkeit (OWi), die in einer Gemengelage in unterschiedlicher Vielzahl und Kombination vorliegen können. Zu beachten ist, dass in dieser Prüfziffer noch keine umfängliche rechtliche Würdigung erfolgt.

Der polizeiliche Anlass ist nur kurz wiederzugeben. Damit soll gezeigt werden, was offensichtlich erkannt wurde und was weiterhin wahrscheinlich oder möglich ist.

Dabei sollte die Art der Rechtsgutverletzung (RGV) betrachtet werden und zur Entscheidungsfindung des präventiven oder repressiven Handelns beitragen.

Es werden **drei Arten der RGV** unterschieden, die dann präventives (Gefahren abwehrendes) oder repressives (strafverfolgendes) Tätigwerden erforderlich werden lassen. Dabei ist stets der Grundsatz „**Prävention vor Repression**" zu beachten.

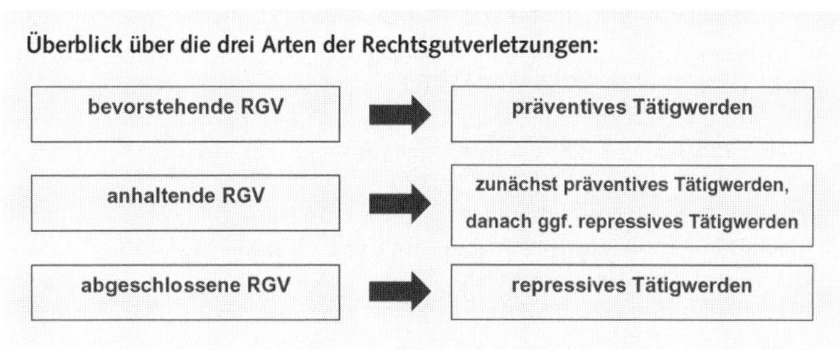

Eine RGV ist **bevorstehend**, wenn nach allgemeiner Lebenserfahrung die hinreichende Wahrscheinlichkeit besteht, ein Schaden werde bei ungehindertem Geschehensablauf innerhalb einer bestimmbaren oder bereits absehbaren Zeit eintreten.

Eine RGV ist **anhaltend**, wenn ein Schaden bereits entstanden ist und der sicherheitswidrige Zustand andauert und dadurch eine Schadensvertiefung oder eine Schadensvergrößerung eintreten kann. Oft handelt es sich um Dauerdelikte (z. B. Hausfriedensbruch oder Freiheitsberaubung), die zwar vollendet, aber noch nicht beendet sind.

In Betracht kommen ferner Straftaten im Versuchsstadium und solche Delikte, bei denen eine Schadensvertiefung noch möglich ist. Dies gilt sinngemäß auch für Ordnungswidrigkeiten oder für Rechtsverletzungen nach dem Privatrecht (z. B. Verletzung der elterlichen Sorge (§ 1626 BGB) gegenüber ihren Kindern).

RGV, in der Regel Straftaten und Ordnungswidrigkeiten, gelten dann als **abgeschlossen**, wenn sie keinen weiteren unmittelbaren polizeilichen Schaden im Sinne einer Schadensvertiefung oder -vergrößerung bewirken können. Die möglichen mit Strafe bedrohten Handlungen oder Unterlassungen (Straftaten/rechtswidrige Taten) sind vom Bearbeiter zu nennen. Entsprechend ist bei Ordnungswidrigkeiten zu verfahren.

Dabei bietet sich generell folgender **Aufbau** des Prüfpunktes 1.1 an:
(1) Einleitungssatz
(2) kurze Sachverhaltswiedergabe
(3) bisheriger Schaden
(4) zukünftiger Schaden/Schadensvertiefung
(5) betroffene Rechtsgüter/Straftat/OWi
(6) Entscheidung

Formulierungsbeispiel für eine bevorstehende RGV:

- **Sachverhalt**: Während Ihrer Streife erkennen Sie den polizeibekannten A wieder, der bereits mehrfach wegen Körperverletzungsdelikten in Erscheinung getreten ist. A geht direkt auf den B zu und nimmt dabei eine drohende Haltung ein.
- **Einleitungssatz:** Die Entscheidung zu präventivem oder repressivem Handeln ist zu treffen.
- **Kurze Sachverhaltswiedergabe:** A ist bereits mehrfach wegen Körperverletzungsdelikten in Erscheinung getreten und pöbelt soeben den B an.
- **Bisheriger Schaden:** Noch ist kein Schaden eingetreten.
- **Zukünftiger Schaden/Schadensvertiefung:** Doch ohne polizeiliches Einschreiten könnte der Streit eskalieren und zu Straftaten (wie z. B. Beleidigungen und Körperverletzung) führen.
- **Betroffene Rechtsgüter/Straftat/OWi:** Es würde sich dann um die Straftat Beleidigung gem. § 185 StGB und Körperverletzung gem. § 223 Abs. 1 StGB handeln. Betroffene Rechtsgüter wären die Ehre, das Recht auf körperliche Unversehrtheit und Gesundheit des B sowie die objektive Rechtsordnung.

- **Entscheidung:** Es handelt sich um eine bevorstehende Rechtsgutverletzung als Gefahr für die öffentliche Sicherheit. Daher ist hier zunächst präventives Einschreiten zur Abwehr der Gefahr erforderlich.

Formulierungsbeispiel für eine anhaltende RGV:

- **Sachverhalt**: Während Ihrer Streife werden Sie Zeuge, wie T den O mit der Faust ins Gesicht schlägt. T holt erneut zu einem zweiten Schlag aus.
- **Einleitungssatz:** Die Entscheidung zu präventivem oder repressivem Handeln ist zu treffen.
- **Kurze Sachverhaltswiedergabe:** T hat O bereits mit der Faust ins Gesicht geschlagen und holt nun zum zweiten Schlag aus.
- **Bisheriger Schaden:** Ein Schaden ist bereits eingetreten.
- **Zukünftiger Schaden/Schadensvertiefung:** Doch ohne polizeiliches Einschreiten wird T den O erneut mit der Faust ins Gesicht schlagen und der Schaden würde sich vertiefen.
- **Betroffene Rechtsgüter/Straftat/OWi:** Es handelt sich um die Straftat Körperverletzung gem. § 223 Abs. 1 StGB. Betroffene Rechtsgüter sind das Recht auf körperliche Unversehrtheit und Gesundheit des O sowie die objektive Rechtsordnung.
- **Entscheidung:** Es handelt sich um eine anhaltende Rechtsgutverletzung als Gefahr für die öffentliche Sicherheit und daher ist hier zunächst präventives Einschreiten zur Abwehr der Gefahr erforderlich. Das schließt jedoch repressive Maßnahmen im Anschluss zur Strafverfolgung der Straftat Körperverletzung nicht aus.

Formulierungsbeispiel für eine abgeschlossene RGV:

- **Sachverhalt**: Während Ihrer Streife werden Sie Zeuge, wie A den B mit der Faust ins Gesicht schlägt. Als der A Sie erblickt, stellt er seine Schläge auf den B ein.
- **Einleitungssatz:** Die Entscheidung zu präventivem oder repressivem Handeln ist zu treffen.
- **Kurze Sachverhaltswiedergabe:** A hat B mit der Faust ins Gesicht schlagen, aktuell seine Handlungen aber eingestellt.
- **Bisheriger Schaden:** Ein Schaden ist bereits eingetreten.
- **Zukünftiger Schaden/Schadensvertiefung:** Von einer Schadensvertiefung ist derzeit nicht auszugehen.
- **Betroffene Rechtsgüter/Straftat/OWi:** Es handelt sich um die Straftat Körperverletzung gem. § 223 Abs. 1 StGB. Betroffene Rechtsgüter sind das Recht auf körperliche Unversehrtheit und Gesundheit des B sowie die objektive Rechtsordnung.
- **Entscheidung:** Es handelt sich um eine abgeschlossene Rechtsgutverletzung als Gefahr für die öffentliche Sicherheit. Daher ist hier ein repressives Einschreiten zur Strafverfolgung der Straftat Körperverletzung erforderlich.

Ziffer 1.2 Benennung der zu treffenden Maßnahmen

Auf Grundlage der Entscheidungsfindung in Ziffer 1.1 ist an dieser Stelle des Prüfschemas die **nun zu treffende Maßnahme** unter Angabe der **genauen Rechtsgrundlage** zu benennen.

Dabei ist zu beachten, dass das BPolG das maßgebliche Gesetz für gefahrenabwehrende, also präventive Maßnahmen darstellt und die StPO das maßgebliche Gesetz für strafverfolgende, also repressive Maßnahmen ist.

Dieser Prüfpunkt bedarf keiner ausführlichen Würdigung, sondern lediglich einer **Benennung der zu treffenden Maßnahme** im Konjunktiv, die dann im weiteren Verlauf des Prüfschemas einer ausführlichen Prüfung bzw. Würdigung unterliegt.

Formulierungsbeispiele:

Bei der nun zu treffenden Maßnahme könnte es sich um eine Unterlassungsverfügung zur Gefahrenabwehr gem. § 14 Abs. 1, 2 BPolG handeln.

Bei der nun zu treffenden Maßnahme könnte es sich um eine Befragung gem. § 22 Abs. 1 BPolG handeln.

Hinweis zur Normdarstellung: Gesetzesnormen sind genau zu zitieren. Für die Darstellung des Absatzes gibt es zwei zulässige Möglichkeiten, die nachfolgend beispielhaft dargestellt werden: § 1 Abs. 2 BPolG oder § 1 II BPolG.

Ziffer 2 Zuständigkeit

An dieser Stelle des Prüfschemas sind die Zuständigkeiten der jeweiligen Bundespolizeibehörden herauszuarbeiten. Das BPolG und die BPolZV weisen der Bundespolizei **Aufgaben** zu und regeln die **Behördenorganisation**.

Ziffer 2.1 Sachliche Zuständigkeit

§ 1 Abs. 2 BPolG weist der BPOL nur Aufgaben zu, die ihr durch dieses Gesetz übertragen werden oder ihr am 1. November 1994 durch ein anderes Bundesgesetz oder aufgrund eines Bundesgesetzes (z. B. durch Rechtsverordnung) zugewiesen waren.

Anhand des Sachverhaltes ist festzustellen, welche **Aufgabe gem. §§ 1 bis 7 BPolG** durch die Bundespolizei konkret wahrgenommen wird (z. B. § 2 Abs. 2 Nr. 3 BPolG oder § 3 Abs. 1 Nr. 1 BPolG etc.).

Nach § 58 Abs. 1 BPolG erlässt das Bundesministerium des Innern eine Rechtsverordnung, in der die Einzelheiten der örtlichen und sachlichen Zuständigkeit geregelt sind.

Hierbei handelt es sich um die Verordnung über die Zuständigkeit der Bundespolizeibehörden (BPolZV) vom 22.02.2008, zuletzt geändert durch die Vierte Verordnung zur Änderung der BPolZV vom 12.07.2017.

§ 1 Abs. 1 BPolZV legt fest, dass das Bundespolizeipräsidium als Oberbehörde und die Bundespolizeidirektionen sowie die Bundespolizeiakademie als Unterbehörden sachlich für die Wahrnehmung der Bundespolizei obliegenden Aufgaben nach § 1 Abs. 2 BPolG zuständig sind.

- **Formulierungsbeispiel für den Aufgabenbereich Eigensicherung:** Die sachliche Zuständigkeit ergibt sich aus § 1 Abs. 2, 3, § 58 Abs. 1 BPolG i. V. m. § 1 Abs. 1 BPolZV.
- **Formulierungsbeispiel für den Aufgabenbereich Bahn/betriebsbezogene Gefahr:** Die sachliche Zuständigkeit ergibt sich aus § 1 Abs. 2, § 3 Abs. 1 Nr. 1 i. V. m. § 58 Abs. 1 BPolG i. V. m. § 1 Abs. 1 BPolZV.
- **Formulierungsbeispiel für den Aufgabenbereich Bahn/betriebsbedingte Gefahr:** Die sachliche Zuständigkeit ergibt sich aus § 1 Abs. 2, § 3 Abs. 1 Nr. 2 i. V. m. § 58 Abs. 1 BPolG i. V. m. § 1 Abs. 1 BPolZV.
- **Formulierungsbeispiel für den Aufgabenbereich Grenzkontrolle:** Die sachliche Zuständigkeit ergibt sich aus § 1 Abs. 2, § 2 Abs. 2 Nr. 2 Buchstabe a) i. V. m. § 58 Abs. 1 BPolG i. V. m. § 1 Abs. 1 BPolZV.
- **Formulierungsbeispiel für den Aufgabenbereich Flughafen/Luftsicherheit:** Die sachliche Zuständigkeit ergibt sich aus § 1 Abs. 2, § 4 BPolG i. V. m. § 16 LuftSiG, § 58 Abs. 1 BPolG i. V. m. § 1 Abs. 1 BPolZV.
- **Formulierungsbeispiel für den Aufgabenbereich Grenze/30-km-Bereich:** Die sachliche Zuständigkeit ergibt sich aus § 1 Abs. 2, § 2 Abs. 2 Nr. 3, § 58 Abs. 1 BPolG i. V. m. § 1 Abs. 1 BPolZV.

Ziffer 2.2 Örtliche Zuständigkeit

Nach § 58 Abs. 1 BPolG erlässt das Bundesministerium des Innern eine Rechtsverordnung, in der Einzelheiten der örtlichen und sachlichen Zuständigkeit geregelt sind (BPolZV).

§ 2 BPolZV legt die örtliche Zuständigkeit der Bundespolizeidirektionen fest. Diese orientieren sich an den Grenzen der Bundesländer, wobei eine Bundespolizeidirektion meist für mehrere Bundesländer örtlich zuständig ist.

Die Musterinspektionen Hamburg (Bahn) und Hamburg Flughafen gehören zur BPOLD Hannover. Die Musterinspektion Forst untersteht der BPOLD Berlin. Für die Aufgabe Eigensicherung gibt es keine örtliche Begrenzung; diese nehmen die Beamten bundesweit war.

- **Formulierungsbeispiel für die Musterinspektion BPOLI Hamburg:**
  Die örtliche Zuständigkeit ergibt sich aus § 58 Abs. 1 BPolG i. V. m. § 2 Abs. 1 Nr. 2 BPolZV.
- **Formulierungsbeispiel für die Musterinspektion BPOLI Forst:**
  Die örtliche Zuständigkeit ergibt sich aus § 58 Abs. 1 BPolG i. V. m. § 2 Abs. 1 Nr. 8 BPolZV.
- **Formulierungsbeispiel für die Aufgabe der Eigensicherung:**
  Die örtliche Zuständigkeit ergibt sich aus § 58 Abs. 1 BPolG i. V. m. § 2 Abs. 2 Nr. 4 BPolZV.

Ziffer 3 Eingriff

Ziffer 3.1 Befugnisnorm

Nach dem verfassungsmäßigen Grundsatz des „**Vorbehalt des Gesetzes**" bedürfen Eingriffe in die Rechte von Personen einer gesetzlichen Ermächtigung. Bei der Auswahl der in Frage kommenden Befugnis (präventiv oder repressiv) sind an dieser Stelle des Prüfschemas die **gesetzlichen Voraussetzungen** der jeweiligen Befugnisnorm zu prüfen.

Diese gesetzlichen Voraussetzungen unterscheiden sich je nach Befugnisnorm und sind individuell abzuprüfen. So verlangt beispielsweise der § 38 BPolG (Platzverweisung) das Vorliegen einer „Gefahr" als gesetzliche Voraussetzung, während § 22 Abs. 1 BPolG (Befragung) „Tatsachen" erfordert, die die Annahme rechtfertigen, dass eine Person sachdienliche Angaben zu einer bestimmten, der Bundespolizei obliegenden Aufgabe machen kann.

An dieser Stelle ist zu prüfen, ob sämtliche Voraussetzungen der jeweiligen Befugnisnorm vorliegen. Hierbei bietet es sich an, strukturiert jede gesetzliche Voraussetzung einzeln im **Gutachtenstil** abzuprüfen. Bei offensichtlich unstrittigen gesetzlichen Voraussetzungen kann im Einzelfall auch der Urteilstil angewendet werden.

Formulierungsbeispiel:

1. Voraussetzung: konkrete Gefahr als 3-schichtige Polizeigefahr

- Einleitungssatz:
  Zunächst müsste eine konkrete Gefahr i. S. d. § 14 Abs. 2 Satz 1 BPolG vorliegen.
- Definition:
  Das ist die im Einzelfall bestehende Gefahr für die öffentliche Sicherheit oder Ordnung im Aufgabenbereich der Bundespolizei.

Erste Stufe der 3-schichtigen Polizeigefahr

- Einleitungssatz:
  Es müsste sich um eine im Einzelfall bestehende Gefahr handeln.
- Definition:
  Die im Einzelfall bestehende Gefahr ist die hinreichende Wahrscheinlichkeit eines/r Schadenseintritts/-vertiefung an einem Rechtsgut in absehbarer Zeit.
- Sachverhaltsanwendung:
  Durch das hier gezeigte Verhalten des Mannes (Brecheisen in der erhobenen Hand) ist es hinreichend wahrscheinlich, dass er die Streife angreifen wird. Er geht auch direkt auf diese zu und ist nur noch wenige Meter entfernt, ohne das Brecheisen fallen zu lassen, das heißt, er wird die PVB auch in absehbarer Zeit angreifen und damit den Beamten erhebliche gesundheitliche Schäden zufügen.
- Ergebnissatz:
  Somit handelt es sich um eine im Einzelfall bestehende Gefahr.

Zweite Stufe der 3-schichtigen Polizeigefahr

- Einleitungssatz:
  Diese im Einzelfall bestehende Gefahr müsste für die öffentliche Sicherheit oder Ordnung bestehen.
- Definition:
  Unter der öffentlichen Sicherheit versteht man den Schutz der Allgemeinheit und des Einzelnen vor Schäden, die dem Bestand und der Funktionsfähigkeit des Staates und seinen Einrichtungen, den Individual- und Universalrechtsgütern und der gesamten Rechtsordnung drohen.
- Sachverhaltsanwendung:
  Betroffen sind die Rechtsgüter der öffentlichen Sicherheit, die objektive Rechtsordnung und die Rechtsgüter der PVB auf Gesundheit und körperliche Unversehrtheit sowie Leben. Da es sich um Polizeibeamte handelt, ist auch der Bestand und die Funktionsfähigkeit des Staates und seiner Einrichtungen betroffen. Der Mann versucht, die Kollegen anzugreifen. Dadurch können sie ihre Maßnahme nicht oder nur mit Verzögerung durchführen. Somit ist auch das ungestörte Funktionieren der Dienstausführung der Streife betroffen.
- Ergebnissatz:
  Demnach liegt eine Gefahr für die öffentliche Sicherheit vor.

Dritte Stufe der 3-schichtigen Polizeigefahr

- Einleitungssatz:
  Der Vorfall müsste sich im Aufgabenbereich der Bundespolizei ereignen.
- Definition:
  Das sind alle präventiven Aufgaben gem. der §§ 1 bis 7 BPolG.

- Sachverhaltsanwendung:
  Die Streife befindet sich zwar im Hauptbahnhof Hamburg bei der bahnpolizeilichen Aufgabenwahrnehmung gem. § 3 Abs. 1 Nr. 1 BPolG. Allerdings kommt hier vorrangig zunächst die Gefahrenabwehr zur Sicherung eigener Einrichtungen (Eigensicherung der PVB) gem. § 1 Abs. 3 BPolG in Betracht, um die Gefahr von den Beamten abzuwehren. Eine präventive Aufgabe der Bundespolizei ist also betroffen.
- Ergebnissatz:
  Somit ereignet sich der Vorfall im Aufgabenbereich der Bundespolizei.
- Zwischenergebnis:
  Somit liegt insgesamt eine konkrete Gefahr i. S. d. § 14 Abs. 2 Satz 1 BPolG vor.

2. Voraussetzung: keine speziellere Befugnis

- Einleitungssatz:
  Eine weitere Voraussetzung wäre, dass es für die Aufforderung, das Brecheisen fallen zu lassen, im BPolG keine speziellere Befugnis gibt.
- Definition:
  Speziellere Befugnisse sind typische polizeiliche Standardmaßnahmen nach §§ 21 ff. BPolG, die der Generalklausel vorgehen.
- Sachverhaltsanwendung:
  Das ist hier der Fall, da es im BPolG keine spezielle Befugnis für die beabsichtigte Maßnahme gibt. Die §§ 21 ff. BPolG enthalten keine Befugnis für die Aufforderung, das Brecheisen fallen zu lassen.
- Zwischenergebnis:
  Somit ist keine speziellere Befugnis vorhanden.

3. Voraussetzung: notwendig

- Einleitungssatz:
  Schließlich dürfen nur die notwendigen Maßnahmen getroffen werden.
- Definition:
  Notwendig ist eine Maßnahme, wenn die Gefahr nicht auf andere, weniger eingreifende Weise behoben werden kann.
- Sachverhaltsanwendung:
  In dieser Lage kann der polizeiliche Zweck der Gefahrenabwehr auf andere Weise nicht, auch nicht teilweise, erreicht werden als durch die Anwendung der Generalklausel.
- Zwischenergebnis:
  Somit ist die Maßnahme notwendig.
- Gesamtergebnis aller Voraussetzungen:
  Insgesamt liegen alle Voraussetzungen des § 14 Abs. 1, 2 BPolG vor.

Ziffer 3.2 Adressat

Die Maßnahmen der Bundespolizei müssen sich gegen den richtigen Adressaten richten. Eine rechtliche Würdigung dieser Ziffer oder zumindest eine kurze Darstellung hat zu erfolgen. Insbesondere dann, wenn mehr als eine Person als Adressat für eine Inanspruchnahme in Betracht kommt. Dies gilt auch, wenn die Adressaten sich in unterschiedlichem Maße polizeipflichtig gemacht haben, z. B. Auswahl zwischen mehreren Verantwortlichen oder bei mittelbarer Gefahrenverursachung durch den Zweckveranlasser.

Übersicht über die Adressaten des BPolG

§ 17 BPolG	Verhaltensverantwortliche (Verhalten von Personen)
§ 18 BPolG	Zustandsverantwortliche (Zustand von Sachen)
§ 19 BPolG	unmittelbare Ausführung (Ersatz-/Selbstvornahme)
§ 20 Abs. 1 BPolG	Inanspruchnahme nicht verantwortlicher Personen
§ 20 Abs. 2 BPolG	Normadressat

Formulierungsbeispiel:

Die Maßnahme müsste sich gegen den richtigen Adressaten richten. Hier verursacht die Person P durch ihr Verhalten die Gefahr selbst und ist somit als Verhaltensverantwortlicher gem. § 17 Abs. 1 BPolG richtiger Adressat der Maßnahme.

Ziffer 3.3 Allgemeine Rechtmäßigkeitsvoraussetzungen/Verhältnismäßigkeit

Die allgemeinen Rechtmäßigkeitsvoraussetzungen enthalten weitere Voraussetzungen, die zu beachten sind, damit eine Eingriffsmaßnahme rechtmäßig ist. Diese Prüfziffer umfasst im Wesentlichen den **Grundsatz der Verhältnismäßigkeit.** Es ist nur auf die Verhältnismäßigkeit im weiteren Sinne (Geeignetheit, Erforderlichkeit, Angemessenheit) einzugehen. Die Beachtung des Bestimmtheitsgebots sowie die rechtliche und tatsächliche Möglichkeit des Handelns sind nur zu prüfen, sofern die Aufgabenstellung oder der Sachverhalt dies erfordern.

Demnach müssen Eingriffsmaßnahmen stets **geeignet** und **erforderlich** und **angemessen** sein!

Geeignetheit

„Geeignet ist eine Maßnahme, wenn sie objektiv zwecktauglich ist, das polizeiliche Ziel zu erreichen.“

Darunter ist die Tauglichkeit der polizeilichen Maßnahme zu verstehen, in dem Sinne, als sie zur Abwehr der Gefahr beiträgt. Es ist also die Frage nach dem polizeilichen Ziel zu stellen. D. h. was soll mit der Maßnahme erreicht werden und ist die Maßnahme geeignet, also objektiv zwecktauglich, dieses Ziel zu erreichen?

Erforderlichkeit

„Erforderlich ist eine Maßnahme, wenn sie von mehreren möglichen und geeigneten Maßnahmen diejenige ist, die den Einzelnen und die Allgemeinheit voraussichtlich am wenigsten beeinträchtigt (§ 15 Abs. 1 BPolG).“

Hier ist zu prüfen, welche von den zur Verfügung stehenden geeigneten Maßnahmen die für den Einzelnen oder die Allgemeinheit mildeste Maßnahme ist (geringster Eingriff, Übermaßverbot). Es muss also betrachtet werden, ob es möglicherweise mildere, ebenfalls geeignete Maßnahmen geben würde.

So wären beispielsweise ein Platzverweis und eine Gewahrsamnahme gleichfalls geeignet, um eine Gefahr abzuwehren; allerdings würde der Platzverweis weniger schwerwiegend in die Rechte des Betroffenen eingreifen und wäre deshalb bei gleicher Eignung vorzuziehen. Da die Platzverweisung gleichfalls geeignet ist, wäre die Gewahrsamnahme somit nicht erforderlich.

Angemessenheit

„Angemessen ist eine Maßnahme, wenn sie zu dem angestrebten Erfolg nicht erkennbar außer Verhältnis steht. Eine Rechtsgüterabwägung hat zu erfolgen (§ 15 Abs. 2 BPolG).“

Hier sind die Gefahren für das betroffene Rechtsgut und die durch die polizeiliche Maßnahme entstehenden Nachteile/Schäden für den Betroffenen ins Verhältnis zu setzen (Zweck-Mittel-Relation).

Im Wesentlichen sind hier abzuwägen die Rechtsbeeinträchtigungen durch die Verursachung der Gefahr und die Rechtsbeeinträchtigungen, die durch die polizeiliche Maßnahme erfolgen. Das heißt, dass das vom Gefahrenverursacher verletzte Recht dem durch die polizeiliche Maßnahme zu verletzendem Recht gegenübergestellt und gegeneinander abgewogen wird (Rechtsgüterabwägung).

Ziffer 3.4 Besondere gesetzliche Pflichten/Formvorschriften

Hierunter sind die zu der jeweiligen Befugnisnorm dazugehörigen Pflichten und Formvorschriften zu nennen. Jeweils zu beachtende und **am Sachverhalt orientierte Formvorschriften** sind aufzuführen, wie beispielsweise:
- Belehrungs- und Hinweispflichten
- Hinzuziehungspflichten
- Bescheinigungspflichten
- Begründungspflichten
- Vorführungspflichten
- Benachrichtigungspflichten

Ziffer 3.5 Feststellung der Rechtmäßigkeit der Maßnahme

Dieser Prüfpunkt bedarf keiner Würdigung, da diese bereits erfolgt ist. An dieser Stelle des Prüfschemas wird lediglich abschließend das Ergebnis der vorherigen Würdigungen präsentiert, und zwar in Form einer **Feststellung der Rechtmäßigkeit der Maßnahme** (sofern dies bejaht werden konnte).

> **Formulierungsbeispiele:**
>
> Somit ist die Unterlassungsverfügung zur Gefahrenabwehr nach § 14 Abs. 1, 2 BPolG insgesamt rechtmäßig.
>
> Somit ist die Befragung gem. § 22 Abs. 1 BPolG insgesamt rechtmäßig.

Ziffer 4 Zwang

Unter den Ziffern 4.1 bis 4.7 würde sich nun die Prüfung der Rechtmäßigkeit der zwangsweisen Durchsetzung der unter den Ziffern 1.1 bis 3.5 geprüften Maßnahme anschließen. Die Zulässigkeit und Rechtmäßigkeit des Zwanges richtet sich nach dem Gesetz über den unmittelbaren Zwang des Bundes (UZwG) und ist deshalb nicht Bestandteil dieses Lehrbuches.

1.5 Allgemeine Ratschläge zur Bearbeitungstechnik

- **Lesen Sie den Sachverhalt mehrmals**, vollständig und in Ruhe, um ihn korrekt zu erfassen.
- Gleiches gilt für die **Aufgabenstellung**. Nicht immer wird verlangt, das komplette Prüfschema zu prüfen. Oftmals sollen nur Teilbereiche ge-

prüft werden (z. B. nur Ziffer 1.1, 3.1 und 3.4 des Prüfschemas). Beachten Sie dies; Sie verschenken sonst kostbare Bearbeitungszeit!

- Beachten Sie die **Bearbeitungshinweise** auf dem Deckblatt.
- Bringen Sie im Sachverhalt nicht zu viele **Notizen und Markierungen** an, damit Sie die Übersicht behalten.
- Fertigen Sie Notizen und eine kurze **Lösungsskizze** auf dem Konzeptpapier an. Beachten Sie aber, dass das Konzeptpapier grds. nicht mitbewertet wird.
- Kalkulieren Sie die zur Verfügung stehende **Zeit** und teilen Sie sich diese gut ein. Planen Sie Reserven für die Schlusskorrektur ein.
- Halten Sie die **Struktur der Prüfungsschritte** („Subsumtion") ein, um keine wichtigen Prüfpunkte (insbesondere bei Ziffer 3.1 des Prüfschemas) zu vergessen:
  - Einleitungssatz
  - Definition
  - Sachverhaltsanwendung
  - Ergebnis
- Beachten Sie, dass **Gesetzesnormen** so **genau** wie möglich zu **benennen** sind (nicht „§ 23 BPolG", sondern „§ 23 Abs. 1 Nr. 3 1. Alt., Abs. 3 BPolG").
- Bitte berücksichtigen Sie, dass neben der fachlichen Leistung auch die Gliederung und Klarheit der Darstellung sowie das Ausdrucksvermögen berücksichtigt werden.
  - Schreiben Sie also leserlich und sauber!
  - Gliedern Sie übersichtlich!
  - Halten Sie Seitenränder ein!
  - Machen Sie Absätze!
  - Machen Sie saubere und klar erkennbare Streichungen, am besten mit einem waagerechten Strich!
  - Setzen Sie Schwerpunkte bei der Bearbeitung!
  - Vermeiden Sie es, den Sachverhalt unnötig zu wiederholen!

Kapitel 2
Übungssachverhalte mit Lösungen

2.1 Fälle zur Generalklausel

Fall 1: Unterlassungsverfügung – § 14 Abs. 1, 2 BPolG

Sachverhalt

Sie absolvieren Ihr bahnpolizeiliches Praktikum in der BPOLI Hamburg und sind auf dem Hauptbahnhof Hamburg eingesetzt.

Sie überwachen zusammen mit PHM Beier den Außenbereich des Hauptbahnhofes Hamburg. Plötzlich werden Sie von einer männlichen Person (P) angegriffen. P kommt mit erhobenem Brecheisen in der Hand auf Sie zu und sagt wörtlich: *„Jetzt seid Ihr fällig!"*

Aufgabe

Prüfen Sie die nun vordringlich gegen P zu treffende Maßnahme (Ziffer 1 bis 3.5 des Prüfschemas)!

Lösungsvorschlag

1 Entscheidung

1.1 Entscheidung zu präventivem oder repressivem Handeln

Die Entscheidung zu präventivem oder repressivem Handeln ist zu treffen.

Die Streife wird plötzlich von P mit einem Brecheisen angegriffen.

Noch ist kein Schaden bezüglich der Polizeivollzugsbeamten (PVB) eingetreten, doch ohne polizeiliches Einschreiten könnte P der Streife erhebliche Verletzungen zufügen.

Dies würde eine strafbare Handlung in Form der gefährlichen Körperverletzung (§§ 223, 224 StGB) bzw. des tätlichen Angriffs auf Vollstreckungsbeamte (§ 114 StGB) darstellen.

Gefährdet sind die Rechtsgüter der öffentlichen Sicherheit, hier die objektive Rechtsordnung, und die Rechtsgüter auf Gesundheit/körperliche Unversehrtheit sowie Leben der PVB. Weiterhin handelt es sich um PVB, somit wären auch der Bestand und die Funktionsfähigkeit des Staates und seiner Einrichtungen betroffen.

Es handelt sich um eine bevorstehende (ggf. anhaltende) Rechtsgutverletzung als Gefahr für die öffentliche Sicherheit. Erforderlich ist zunächst präventives und anschließend repressives Tätigwerden zur Verfolgung der Straftat.

1.2 Benennung der nun zu treffenden Maßnahme

Bei der Aufforderung gegenüber P, das Brecheisen fallen zu lassen, könnte es sich um eine Unterlassungsverfügung gem. § 14 Abs. 1, 2 BPolG handeln.

2 Zuständigkeit

2.1 Sachliche Zuständigkeit

Die sachliche Zuständigkeit ergibt sich aus § 1 Abs. 2, 3, § 58 Abs. 1 BPolG i. V. m. § 1 Abs. 1 BPolZV.

2.2 Örtliche Zuständigkeit

Die örtliche Zuständigkeit ergibt sich aus § 58 Abs. 1 BPolG i. V. m. § 2 Abs. 2 Nr. 4 BPolZV.

3 Eingriff

3.1 Befugnisnorm

Als gesetzliche Voraussetzung gem. § 14 Abs. 1, 2 BPolG müsste zunächst eine <u>konkrete Gefahr</u> i. S. d. § 14 Abs. 2 Satz 1 BPolG vorliegen.

Das ist die im Einzelfall bestehende Gefahr für die öffentliche Sicherheit oder Ordnung im Aufgabenbereich der Bundespolizei.

Es müsste eine <u>im Einzelfall bestehende Gefahr</u> vorliegen.

Die im Einzelfall bestehende Gefahr ist die hinreichende Wahrscheinlichkeit eines/r Schadenseintritts/-vertiefung an einem Rechtsgut in absehbarer Zeit.

Durch das hier gezeigte Verhalten des P (Brecheisen in der erhobenen Hand und verbale Äußerung) ist es hinreichend wahrscheinlich, dass er die Streife angreifen wird. Er ist nur noch wenige Meter entfernt, ohne das Brecheisen fallen zu lassen, das heißt, ein Angriff seinerseits in absehbarer Zeit steht unmittelbar bevor. Er würde den PVB erhebliche gesundheitliche Schäden zufügen. Somit handelt es sich um eine im Einzelfall bestehende Gefahr.

Diese Gefahr müsste für die <u>öffentliche Sicherheit oder Ordnung</u> bestehen.

Unter der öffentlichen Sicherheit versteht man den Schutz der Allgemeinheit und des Einzelnen vor Schäden, die dem Bestand und der Funktionsfähigkeit des Staates und seinen Einrichtungen, den Individual- und Universalrechtsgütern sowie der gesamten Rechtsordnung drohen.

Betroffen sind die Rechtsgüter der öffentlichen Sicherheit, die objektive Rechtsordnung und die Rechtsgüter der PVB auf körperliche Unversehrtheit/Gesundheit sowie Leben der PVB. Weiterhin sind der Bestand und die Funktionsfähigkeit des Staates und seiner Einrichtungen, also das ungestörte Funktionieren staatlicher Einrichtungen (PVB) betroffen. Demnach liegt eine Gefahr für die öffentliche Sicherheit vor.

Der Vorfall müsste sich im <u>Aufgabenbereich der Bundespolizei</u> ereignen.

Das sind alle präventiven Aufgaben gem. der §§ 1 bis 7 BPolG.

Wir befinden uns im Hauptbahnhof Hamburg bei der bahnpolizeilichen Aufgabenwahrnehmung gem. § 3 Abs. 1 Nr. 1 BPolG, vorrangig kommt hier zunächst aber die Gefahrenabwehr zur Sicherung eigener Einrichtungen (Eigensicherung der PVB) gem. § 1 Abs. 3 BPolG in Betracht, um die Gefahr von den Beamten abzuwehren. Eine präventive Aufgabe der Bundespolizei ist also betroffen. Somit ereignet sich der Vorfall im Aufgabenbereich der Bundespolizei.

Eine konkrete Gefahr liegt insgesamt vor.

Es dürfte <u>keine speziellere Befugnis</u> für diese Maßnahme im BPolG geben.

Speziellere Befugnisse sind typische polizeiliche Standardmaßnahmen nach §§ 21 ff. BPolG, die der Generalklausel vorgehen.

Die §§ 21 ff. BPolG enthalten keine Befugnis für die Aufforderung, das Brecheisen fallen zu lassen. Somit ist keine speziellere Befugnis im BPolG gegeben.

Schließlich dürfen <u>nur die notwendigen Maßnahmen</u> getroffen werden.

Notwendig ist eine Maßnahme, wenn die Gefahr nicht auf andere, weniger eingreifende Weise behoben werden kann.

In dieser Lage kann der polizeiliche Zweck der Gefahrenabwehr nicht auf andere Weise als durch eine Anwendung der Generalklausel erreicht werden. Somit ist die Maßnahme notwendig.

Insgesamt liegen alle Voraussetzungen des § 14 Abs. 1, 2 BPolG vor.

3.2 Adressat

Die Maßnahme müsste sich gegen den richtigen Adressaten richten.

Die Person verursacht durch ihr Verhalten die Gefahr. Somit ist P als Verhaltensverantwortlicher nach § 17 Abs. 1 BPolG auch der richtige Adressat der Maßnahme.

3.3 Allgemeine Rechtmäßigkeitsvoraussetzungen/Verhältnismäßigkeit

Die Unterlassungsverfügung müsste verhältnismäßig sein.

Das ist sie, wenn sie geeignet, erforderlich und angemessen ist.

Dazu müsste sie zunächst geeignet sein.

Die Unterlassungsverfügung ist geeignet, wenn sie objektiv zwecktauglich ist, das polizeiliche Ziel zu erreichen.

Das polizeiliche Ziel ist hier, P daran zu hindern, die PVB mit dem Brecheisen zu schlagen oder zu verletzen. Die Aufforderung an P, das Brecheisen fallen zu lassen, könnte die Person dazu bringen, den Angriff zu unterlassen. Somit ist die Maßnahme geeignet.

Die Unterlassungsverfügung müsste auch erforderlich sein.

Erforderlich ist die Maßnahme, wenn sie von mehreren möglichen und geeigneten Maßnahmen diejenige ist, die den Einzelnen und die Allgemeinheit voraussichtlich am wenigsten beeinträchtigt (§ 15 Abs. 1 BPolG).

Eine mildere und zugleich geeignete Befugnis ist in dieser akuten Gefahrensituation nicht erkennbar. Somit ist die Maßnahme auch erforderlich.

Die Unterlassungsverfügung müsste auch angemessen sein.

Angemessen ist eine Maßnahme, wenn sie zu dem angestrebten Erfolg nicht erkennbar außer Verhältnis steht. Eine Rechtsgüterabwägung hat zu erfolgen (§ 15 Abs. 2 BPolG).

Durch die Unterlassungsverfügung erfolgt ein Eingriff in die allgemeine Handlungsfreiheit der Person gem. Art. 2 Abs. 1 GG. Dem gegenüber stehen die Rechtsgüter der körperlichen Unversehrtheit/Gesundheit sowie Leben der PVB gem. Art. 2 Abs. 2 Satz 1 GG, der Bestand und die Funktionsfähigkeit des Staates und seiner Einrichtungen sowie die objektive Rechtsordnung. Die zu schützenden Rechtsgüter überwiegen in Anzahl und Wertigkeit. Außerdem ist der Eingriff in die allgemeine Handlungsfreiheit der Person nur von kurzer Dauer, geringer Intensität und ohne Schäden für P.

Dieser hat den Eingriff aufgrund der Gefahrenverursachung selbst zu verantworten. Somit ist die Maßnahme auch angemessen.

Demnach ist die Unterlassungsverfügung insgesamt verhältnismäßig.

3.4 Besondere gesetzliche Pflichten/Formvorschriften

- Bekanntgabe der Maßnahme (§ 41 VwVfG)
- Begründung (§ 39 VwVfG)
- Inhaltlich hinreichend bestimmt (§ 37 VwVfG)
- Rechtsbehelfsbelehrung auf Verlangen

3.5 Feststellung der Rechtmäßigkeit der Maßnahme

Wie geprüft, ist die Unterlassungsverfügung gegenüber P gem. § 14 Abs. 1, 2 BPolG rechtmäßig.

Fall 2: Unterlassungsverfügung – § 14 Abs. 1, 2 BPolG

Sachverhalt

Sie absolvieren Ihr bahnpolizeiliches Praktikum in der BPOLI Hamburg und sind auf dem Hauptbahnhof Hamburg eingesetzt.

Sie überwachen zusammen mit PHM Beier den Außenbereich des Güter- und Rangierbahnhofes Maschen. Sie beobachten eine männliche Person, die mit einem Brecheisen versucht, ein Gebäude der DB AG aufzubrechen.

Aufgabe

Prüfen Sie die nun vordringlich gegen den Mann zu treffende Maßnahme (Ziffer 1 bis 3.5 des Prüfschemas)!

Lösungsvorschlag

1 Entscheidung

1.1 Entscheidung zu präventivem oder repressivem Handeln

Die Entscheidung zu präventivem oder repressivem Handeln ist zu treffen.

Ein Mann versucht, mit einem Brecheisen ein Gebäude der DB AG aufzubrechen. Ein Schaden ist bereits eingetreten. Ohne polizeiliches Einschreiten ist eine Schadensvertiefung möglich, da der Mann seine Handlung fortsetzen würde.

In dem Fall handelt es sich um eine strafbare Handlung des besonders schweren Falls des Diebstahls (§§ 242, 243 StGB).

Betroffen sind die Rechtsgüter der öffentlichen Sicherheit, hier die objektive Rechtsordnung und das Eigentum der DB AG.

Es handelt sich um eine bevorstehende (ggf. anhaltende) Rechtsgutverletzung als Gefahr für die öffentliche Sicherheit. Deshalb ist ein präventives Einschreiten erforderlich. Anschließend sind strafprozessuale Maßnahmen hinsichtlich des versuchten Einbruchs in das Gebäude der DB AG einzuleiten.

1.2 Benennung der nun zu treffenden Maßnahme

Bei der Aufforderung, die Handlung einzustellen, könnte es sich um eine Unterlassungsverfügung gem. § 14 Abs. 1, 2 BPolG gegenüber der männlichen Person handeln.

2 Zuständigkeit

2.1 Sachliche Zuständigkeit

Die sachliche Zuständigkeit ergibt sich aus § 1 Abs. 2, § 3 Abs. 1 Nr. 1, § 58 Abs. 1 BPolG i. V. m. § 1 Abs. 1 BPolZV.

2.2 Örtliche Zuständigkeit

Die örtliche Zuständigkeit ergibt sich aus § 58 Abs. 1 BPolG i. V. m. § 2 Abs. 1 Nr. 2 BPolZV.

3 Eingriff

3.1 Befugnisnorm

Als gesetzliche Voraussetzung gem. § 14 Abs. 1, 2 BPolG müsste zunächst eine konkrete Gefahr i. S. d. § 14 Abs. 2 Satz 1 BPolG vorliegen.

Das ist die im Einzelfall bestehende Gefahr für die öffentliche Sicherheit oder Ordnung im Aufgabenbereich der Bundespolizei.

Es müsste eine im Einzelfall bestehende Gefahr vorliegen.

Die im Einzelfall bestehende Gefahr ist die hinreichende Wahrscheinlichkeit eines/r Schadenseintritts/-vertiefung an einem Rechtsgut in absehbarer Zeit.

Der Mann versucht, ein Gebäude der DB AG aufzubrechen. Ohne polizeiliches Einschreiten wird seine Handlung zum Erfolg und zur Vermögens- und Eigentumsbeschädigung der DB AG führen. Somit handelt es sich um eine im Einzelfall bestehende Gefahr.

Diese Gefahr müsste für die öffentliche Sicherheit oder Ordnung bestehen.

Unter der öffentlichen Sicherheit versteht man den Schutz der Allgemeinheit und des Einzelnen vor Schäden, die dem Bestand und der Funktionsfähigkeit des Staates und seinen Einrichtungen, den Individual- und Universalrechtsgütern sowie der gesamten Rechtsordnung drohen.

Betroffen sind die Rechtsgüter der öffentlichen Sicherheit, die objektive Rechtsordnung und das Recht auf Eigentum der DB AG.

Demnach liegt eine Gefahr für die öffentliche Sicherheit vor.

Der Vorfall müsste sich im Aufgabenbereich der Bundespolizei ereignen.

Das sind alle präventiven Aufgaben gem. der §§ 1 bis 7 BPolG.

Das Gebäude der DB AG befindet sich auf dem Gelände der Bahn und stellt somit eine Anlage der Bahn dar, die möglicherweise sogar für den Betrieb der Bahn benötigt wird. Gem. § 3 Abs. 1 Nr. 1 BPolG obliegt der BPOL die Abwehr von Gefahren, die den Anlagen und dem Betrieb der Bahn drohen. Der Mann versucht, ein Gebäude der DB AG aufzubrechen. Die Gefahr droht hier also einer Anlage (ggf. dem Betrieb) der Bahn. Eine präventive Aufgabe der Bundespolizei ist betroffen. Somit ereignet sich der Vorfall im Aufgabenbereich der Bundespolizei.

Eine konkrete Gefahr liegt insgesamt vor.

Es dürfte keine speziellere Befugnis für diese Maßnahme im BPolG geben.

Speziellere Befugnisse sind typische polizeiliche Standardmaßnahmen nach §§ 21 ff. BPolG, die der Generalklausel vorgehen.

Die §§ 21 ff. BPolG enthalten keine Befugnis für die Aufforderung, die Handlung einzustellen. Somit ist keine speziellere Befugnis im BPolG gegeben.

Schließlich dürfen nur die notwendigen Maßnahmen getroffen werden.

Notwendig ist eine Maßnahme, wenn die Gefahr nicht auf andere, weniger eingreifende Weise behoben werden kann.

In dieser Lage kann der polizeiliche Zweck der Gefahrenabwehr nicht auf andere Weise als durch eine Anwendung der Generalklausel erreicht werden. Somit ist die Maßnahme notwendig.

Insgesamt liegen alle Voraussetzungen des § 14 Abs. 1, 2 BPolG vor.

3.2 Adressat

Die Maßnahme müsste sich gegen den richtigen Adressaten richten.

Die Person verursacht durch ihr Verhalten die Gefahr. Somit ist sie als Verhaltensverantwortlicher nach § 17 Abs. 1 BPolG auch der richtige Adressat der Maßnahme.

3.3 Allgemeine Rechtmäßigkeitsvoraussetzungen/Verhältnismäßigkeit

Die Unterlassungsverfügung müsste verhältnismäßig sein.

Das ist sie, wenn sie geeignet, erforderlich und angemessen ist.

Dazu müsste sie zunächst geeignet sein.

Die Unterlassungsverfügung ist geeignet, wenn sie objektiv zwecktauglich ist, das polizeiliche Ziel zu erreichen.

Das polizeiliche Ziel ist hier, die Person daran zu hindern, das Gebäude der DB AG aufzubrechen. Die Aufforderung an die Person, die Handlung einzustellen, könnte die Person dazu bringen, das Gebäude nicht weiter aufzubrechen. Somit ist die Maßnahme geeignet.

Die Unterlassungsverfügung müsste auch erforderlich sein.

Erforderlich ist die Maßnahme, wenn sie von mehreren möglichen und geeigneten Maßnahmen diejenige ist, die den Einzelnen und die Allgemeinheit voraussichtlich am wenigsten beeinträchtigt (§ 15 Abs. 1 BPolG).

Eine mildere und zugleich geeignete Befugnis ist hier in dieser akuten Gefahrensituation offensichtlich nicht erkennbar. Denkbar wäre alternativ ein Beobachten der Situation gem. § 21 Abs. 1 BPolG. Das hätte aber eine Verwirklichung des Straftatbestandes zur Folge und die Person hätte so Gelegenheit, der DB AG noch mehr Sachschäden am Gebäude zuzufügen. Somit ist die Maßnahme auch erforderlich.

Die Unterlassungsverfügung müsste auch angemessen sein.

Angemessen ist eine Maßnahme, wenn sie zu dem angestrebten Erfolg nicht erkennbar außer Verhältnis steht. Eine Rechtsgüterabwägung hat zu erfolgen (§ 15 Abs. 2 BPolG).

Durch die Unterlassungsverfügung erfolgt ein Eingriff in die allgemeine Handlungsfreiheit der Person gem. Art. 2 Abs. 1 GG. Dem gegenüber stehen die Rechtsgüter auf Eigentum der DB AG gem. Art. 14 GG. Die zu schützenden Rechtsgüter überwiegen in Anzahl und Wertigkeit. Außerdem ist der Eingriff in die allgemeine Handlungsfreiheit der Person nur von kurzer Dauer, geringer Intensität und ohne Schäden für den Betroffenen. Die Person hat den Eingriff aufgrund der Gefahrenverursachung/Straftat selbst zu verantworten. Somit ist die Maßnahme auch angemessen.

Demnach ist die Unterlassungsverfügung insgesamt verhältnismäßig.

3.4 Besondere gesetzliche Pflichten/Formvorschriften

- Bekanntgabe der Maßnahme (§ 41 VwVfG)
- Begründung (§ 39 VwVfG)
- Inhaltlich hinreichend bestimmt (§ 37 VwVfG)
- Rechtsbehelfsbelehrung auf Verlangen

3.5 Feststellung der Rechtmäßigkeit der Maßnahme

Wie geprüft, ist die Unterlassungsverfügung gegenüber der männlichen Person gem. § 14 Abs. 1, 2 BPolG rechtmäßig.

2.2 Fall zur Beobachtung

Fall 3: Beobachtung – § 21 Abs. 1 BPolG

Sachverhalt

Sie absolvieren Ihr Praktikum in der BPOLI Hamburg-Flughafen.

Aus der Lageeinweisung ist Ihnen bekannt, dass aufgrund der aktuellen Ferienzeit und der damit verbundenen erhöhten Passagierzahlen vermehrt Koffer im Flughafenbereich durch die Reisenden achtlos abgestellt werden.

Sie haben den Auftrag, zusammen mit PHM Franz das Terminal 1 zu überwachen. Ein Reisender (A) stellt seinen Koffer im Terminal 1 nahe der „Check-in-Schalter" ab und geht weg.

Aufgabe

Prüfen Sie die Rechtmäßigkeit der Maßnahme, die Sie nun gegenüber A treffen (Ziffer 1 bis 3.5 des Prüfschemas)!

Lösungsvorschlag

1 Entscheidung

1.1 Entscheidung zu präventivem oder repressivem Handeln

Die Entscheidung zu präventivem oder repressivem Handeln ist zu treffen.

Der Reisende A stellt seinen Koffer im Terminal 1 ab und geht weg.

Noch ist kein Schaden eingetreten. Doch ohne polizeiliches Einschreiten droht zum einen durch unachtsames Abstellen des Koffers der Verlust des Gepäckstückes durch A, zum anderen bei einer möglichen Explosion des Koffers ein gesundheitlicher Schaden für die Reisenden und der anderen sich im Terminal befindlichen Personen, die sich in Reichweite des Koffers aufhalten, da nicht auszuschließen ist, dass sich im Koffer eine Spreng- oder Brandvorrichtung befindet.

Es wären Rechtsgüter der öffentlichen Sicherheit betroffen, hier die objektive Rechtsordnung sowie die Individualrechtsgüter Eigentum des A im Falle des Verlustes des Koffers sowie Leben, körperliche Unversehrtheit/ Gesundheit der Reisenden und der anderen sich im Terminal befindlichen Personen, sollte es sich um eine Spreng- oder Brandvorrichtung handeln. Weiterhin würden dadurch Straftatbestände verwirklicht werden.

Es handelt sich um eine bevorstehende Rechtsgutverletzung als Gefahr für die öffentliche Sicherheit. Deshalb ist präventives Einschreiten erforderlich.

1.2 Benennung der zu treffenden Maßnahme

Bei der nun zu treffenden Maßnahme könnte es sich um eine gezielte Beobachtung der Situation gem. § 21 Abs. 1 BPolG handeln.

2 Zuständigkeit

2.1 Sachliche Zuständigkeit

Die sachliche Zuständigkeit ergibt sich aus § 1 Abs. 2, § 4 BPolG i. V. m. § 16 LuftSiG, § 58 Abs. 1 BPolG i. V. m. § 1 Abs. 1 BPolZV.

2.2 Örtliche Zuständigkeit

Die örtliche Zuständigkeit ergibt sich aus § 58 Abs. 1 BPolG i. V. m. § 2 Abs. 1 Nr. 2 BPolZV.

3 Eingriff

3.1 Befugnisnorm

Als Voraussetzung für die Beobachtung gem. § 21 Abs. 1 BPolG müssten personenbezogene Daten erhoben werden zur Erfüllung einer der BPOL obliegenden Aufgabe, sofern nichts anderes im dazugehörigen Abschnitt des BPolG dazu bestimmt ist.

Zunächst müssten personenbezogene Daten erhoben werden.

Personenbezogene Daten sind gem. § 46 Nr. 1 BDSG alle Informationen, die sich auf eine identifizierte oder identifizierbare natürliche Person (betroffene Person) beziehen, wie z. B. Bewegungsrichtung, Verhalten etc.

Erheben bedeutet das Beschaffen von Informationen über den Betroffenen.

A stellt seinen Koffer im Terminal 1 des Hamburger Flughafens ab und geht weg. Die BPOL beschafft sich Informationen hinsichtlich des Grundes für das Abstellen des Koffers und der Bewegungsrichtung des A sowie sonstiger Verhaltensauffälligkeiten des A. Somit werden personenbezogene Daten erhoben.

Der Vorfall müsste sich im Aufgabenbereich der Bundespolizei ereignen und die Datenerhebung erforderlich zur Aufgabenerfüllung sein.

Das sind alle präventiven Aufgaben gem. der §§ 1 bis 7 BPolG.

Der Sachverhalt ereignet sich im Terminal des Flughafens Hamburg bei der Aufgabenwahrnehmung gem. § 4 BPolG (Luftsicherheit). Hierzu gehört die Abwehr von sog. äußerer Gefahren, deren Ursprung nicht im Luftverkehr selbst liegt, sondern sich von außen auf den Luftverkehr auswirken. Sollte der Koffer eine Spreng- oder Brandvorrichtung enthalten und detonieren, würde dies die Luftsicherheit erheblich beeinträchtigen. Somit ereignet sich der Vorfall in einem Aufgabenbereich der BPOL.

Schließlich dürfte in dem dazugehörigen Abschnitt im BPolG nichts Spezielleres bestimmt sein.

Speziellere Befugnisse sind typische polizeiliche Maßnahmen der Datenerhebung nach §§ 22 bis 28 BPolG, die der Datenerhebungsgeneralklausel vorgehen.

Die §§ 22 bis 28 BPolG enthalten keine Befugnis für die Maßnahme des gezielten Beobachtens einer Person, die ihren Koffer abstellt.

Demnach ist also im dazugehörigen Abschnitt im BPolG nichts anderes bestimmt.

Die Voraussetzungen des § 21 Abs. 1 BPolG liegen im Ergebnis vor.

3.2 Adressat

Die Maßnahme müsste sich gegen den richtigen Adressaten richten.

Adressat ist die Person, deren personenbezogene Daten erhoben werden. Eine Gefahr geht hier zunächst nicht von der Person aus. Der Adressat ergibt sich somit aus der Befugnis selbst. Es handelt sich bei A um den Normadressaten gem. § 20 Abs. 2 i. V. m. § 21 Abs. 1 BPolG.

3.3 Allgemeine Rechtmäßigkeitsvoraussetzungen/Verhältnismäßigkeit

Die Maßnahme müsste verhältnismäßig sein.

Das ist sie, wenn sie geeignet, erforderlich und angemessen ist.

Die Maßnahme müsste geeignet sein.

Die Maßnahme ist geeignet, wenn sie objektiv zwecktauglich ist, das polizeiliche Ziel zu erreichen.

Das polizeiliche Ziel ist hier, Informationen zu erlangen, warum der Koffer von A im Terminal 1 abgestellt wurde. Das gezielte Beobachten der Situation ist somit objektiv zwecktauglich, um das polizeiliche Ziel zu erreichen. Die Maßnahme ist geeignet.

Weiterhin müsste die Maßnahme auch erforderlich sein.

Erforderlich ist die Maßnahme, wenn sie von mehreren möglichen und geeigneten Maßnahmen diejenige ist, die den Einzelnen und die Allgemeinheit voraussichtlich am wenigsten beeinträchtigt (§ 15 Abs. 1 BPolG).

Im Flughafengebäude befinden sich bereits diverse Aushänge, dass Gepäckstücke nicht unbeaufsichtigt zurückgelassen werden sollen. Weiterhin finden auch regelmäßig Durchsagen über die Lautsprecher statt, welche A anscheinend nicht beachtet hat. Eine mildere Maßnahme als das Beobachten ist hier offensichtlich nicht erkennbar. Die Maßnahme ist somit auch erforderlich.

Schließlich müsste die Maßnahme auch angemessen sein.

Angemessen ist eine Maßnahme, wenn sie zu dem angestrebten Erfolg nicht erkennbar außer Verhältnis steht. Eine Rechtsgüterabwägung hat zu erfolgen (§ 15 Abs. 2 BPolG).

Das gezielte Beobachten greift in das Grundrecht auf informationelle Selbstbestimmung gem. Art. 2 Abs. 1 i. V. m. Art. 1 Abs. 1 GG (als Unterfall des allgemeinen Persönlichkeitsrechts) ein.

Demgegenüber steht das Recht auf körperliche Unversehrtheit/Gesundheit, Leben gem. Art. 2 Abs. 2 Satz 1 GG der Reisenden sowie Sicherheit des Luftverkehrs. Die zu schützenden Rechtsgüter überwiegen in Anzahl und Wertigkeit und sind im Interesse der Reisenden. Zudem ist der Eingriff nur von geringer Intensität und kurzer Dauer und weiterhin ohne Schaden für den Betroffenen. Somit ist die Maßnahme auch angemessen.

Die Maßnahme ist damit insgesamt verhältnismäßig.

3.4 Besondere gesetzliche Pflichten/Formvorschriften

Allgemein:

- Bekanntgabe der Maßnahme (§ 41 VwVfG)
- Begründung (§ 39 VwVfG)
- Inhaltlich hinreichend bestimmt (§ 37 VwVfG)
- Rechtsbehelfsbelehrung auf Verlangen

Speziell:
- Rechtsgrundlage der Datenerhebung auf Verlangen nennen (§ 21 Abs. 4 BPolG)
- Daten sind offen und beim Betroffenen zu erheben (§ 21 Abs. 3 BPolG)

3.5 Feststellung der Rechtmäßigkeit der Maßnahme
Somit ist das Beobachten des A gem. § 21 Abs. 1 BPolG insgesamt rechtmäßig.

2.3 Fälle zur Befragung

Fall 4: Befragung – § 22 Abs. 1 BPolG

Sachverhalt

Sie absolvieren Ihr Praktikum in der BPOLI Hamburg-Flughafen.

Sie sind als Luftsicherheitsstreife zusammen mit PHM Franz im Bereich des Terminals 1 eingesetzt. Sie erhalten folgende Informationen über Funk von Ihrem Gruppenleiter:

„Im Terminal 1, auf Höhe der Fahrstühle, befindet sich ein herrenloser Rucksack. Vor 5 Minuten ist eine Bombendrohung in der Dienststelle eingegangen."

Im Nahbereich des Rucksacks befinden sich noch etwa 20 Reisende.

Aufgabe

Prüfen Sie die Rechtmäßigkeit der Maßnahme, die Sie nun gegen die 20 Personen im Nahbereich des Rucksacks treffen (Ziffer 1 bis 3.5 des Prüfschemas)!

Lösungsvorschlag

1 Entscheidung

1.1 Entscheidung zu präventivem oder repressivem Handeln

Die Entscheidung zu präventivem oder repressivem Handeln ist zu treffen.

Für den Flughafen Hamburg ist eine Bombendrohung eingegangen. Im Terminal 1 befindet sich ein herrenloser Rucksack. Es ist nicht auszuschließen, dass es sich dabei um eine Spreng-/Brandvorrichtung handelt.

Noch ist kein Schaden eingetreten. Doch ohne polizeiliches Einschreiten droht bei einer möglichen Explosion des Rucksacks ein gesundheitlicher Schaden für die 20 Reisenden und die anderen sich im Terminal befindlichen Personen, die sich in der Nähe des Rucksacks aufhalten.

Es wären Rechtsgüter der öffentlichen Sicherheit betroffen, hier die objektive Rechtsordnung sowie die Individualrechtsgüter Leben, körperliche Unversehrtheit/Gesundheit der Reisenden und der anderen sich im Terminal befindlichen Personen. Weiterhin könnten dadurch Straftatbestände verwirklicht werden.

Es handelt sich um eine bevorstehende Rechtsgutverletzung als Gefahr für die öffentliche Sicherheit. Deshalb ist präventives Einschreiten erforderlich.

1.2 Benennung der zu treffenden Maßnahme

Bei der nun zu treffenden Maßnahme könnte es sich um eine Befragung der 20 Reisenden im Nahbereich des Rucksacks gem. § 22 Abs. 1 BPolG handeln.

2 Zuständigkeit

2.1 Sachliche Zuständigkeit

Die sachliche Zuständigkeit ergibt sich aus § 1 Abs. 2, § 4 BPolG i. V. m. § 16 LuftSiG, § 58 Abs. 1 BPolG i. V. m. § 1 Abs. 1 BPolZV.

2.2 Örtliche Zuständigkeit

Die örtliche Zuständigkeit ergibt sich aus § 58 Abs. 1 BPolG i. V. m. § 2 Abs. 1 Nr. 2 BPolZV.

3 Eingriff

3.1 Befugnisnorm

Als Voraussetzung für die Befragung gem. § 22 Abs. 1 BPolG müssten Tatsachen vorliegen, die die Annahme rechtfertigen, dass die 20 Reisenden im Nahbereich sachdienliche Angaben machen können zu einer der Bundespolizei obliegenden Aufgabe.

Zunächst müssten Tatsachen vorliegen, die die Annahme rechtfertigen, dass die Reisenden sachdienliche Angaben machen können.

Tatsachen sind gesicherte Erkenntnisse und begründen objektiv die Annahme, dass ein bestimmter Sachverhalt tatsächlich existiert oder mit Wahrscheinlichkeit zu erwarten ist.

Sachdienliche Angaben sind objektiv nachvollziehbare Fakten, die einen bestimmten Schluss zulassen.

Im Terminal 1 steht ein herrenloser Rucksack. In der Nähe befinden sich 20 Reisende. Diese könnten von ihrem Standpunkt aus beobachtet haben, wer den Rucksack dort abgestellt hat. Sie könnten auch Auffälligkeiten oder verdächtige Personen beobachtet haben. In dem Fall könnten sie Angaben zum Sachverhalt, zur Anzahl und zum Verhalten der Personen, ggf. Personenbeschreibungen und zur Bewegungsrichtung bzw. zum Verbleib des Besitzers machen. Aufgrund dieser Angaben wäre ein zielgerichteter Einsatz (z. B. in Form einer Fahndung) für die Bundespolizei möglich. Ggf. befindet sich der Besitzer sogar unter den 20 Reisenden. Eine unmittelbare Zuordnung des Rucksacks zum Besitzer wäre dann möglich.

Es liegen also Tatsachen vor, die die Annahme rechtfertigen, dass die 20 Reisenden sachdienliche Angaben machen können.

Schließlich müsste eine bestimmte der Bundespolizei obliegende Aufgabe erfüllt werden.

Das sind alle präventiven Aufgaben der Bundespolizei gem. §§ 1 bis 7 BPolG.

Wir befinden uns im Terminal des Flughafens Hamburg bei der Aufgabenwahrnehmung gem. § 4 BPolG (Luftsicherheit). Hierzu gehört die Abwehr von Gefahren, sog. äußerer Gefahren, deren Ursprung nicht im Luftverkehr selbst liegt, sondern sich von außen auf den Luftverkehr auswirkt. Sollte der Rucksack detonieren, würde die Luftsicherheit erheblich beeinträchtigt. Eine präventive Aufgabe der Bundespolizei ist betroffen. Somit wird eine der Bundespolizei obliegende Aufgabe erfüllt.

Die Voraussetzungen für eine Befragung gem. § 22 Abs. 1 BPolG sind somit insgesamt erfüllt.

3.2 Adressat

Die Maßnahme müsste sich gegen den richtigen Adressaten richten.

Adressat sind die Personen, die sachdienliche Angaben machen können. Eine Gefahr geht hier zunächst nicht von den Personen aus. Der Adressat ergibt sich aus der Befugnis selbst. Es handelt sich bei den Reisenden um Normadressaten gem. § 20 Abs. 2 i. V. m. § 22 Abs. 1 BPolG.

3.3 Allgemeine Rechtmäßigkeitsvoraussetzungen/Verhältnismäßigkeit

Die Maßnahme müsste verhältnismäßig sein.

Das ist sie, wenn sie geeignet, erforderlich und angemessen ist.

Die Maßnahme müsste geeignet sein.

Die Maßnahme ist geeignet, wenn sie objektiv zwecktauglich ist, das polizeiliche Ziel zu erreichen.

Das polizeiliche Ziel ist hier, den Besitzer des Rucksacks ausfindig zu machen, um zu klären, ob von dem Rucksack eine Gefahr ausgeht. Durch eine Befragung können gezielte Informationen gewonnen werden. Die Befragung ist somit objektiv zwecktauglich, um das polizeiliche Ziel zu erreichen. Die Maßnahme ist geeignet.

Weiterhin müsste die Maßnahme auch erforderlich sein.

Erforderlich ist die Maßnahme, wenn sie von mehreren möglichen und geeigneten Maßnahmen diejenige ist, die den Einzelnen und die Allgemeinheit voraussichtlich am wenigsten beeinträchtigt (§ 15 Abs. 1 BPolG).

Die gezielte Beobachtung gem. § 21 Abs. 1 BPolG, in Form von offener oder gedeckter Postierung/Bestreifung, wäre zwar eine denkbare mildere Maßnahme. Diese würde jedoch längere Zeit in Anspruch nehmen und wäre nicht so effektiv, um zeitnah an Informationen zu gelangen, da nicht auszuschließen ist, dass sich im Rucksack eine Spreng- oder Brandvorrichtung befindet. Die Maßnahme ist somit auch erforderlich.

Schließlich müsste die Maßnahme auch angemessen sein.

Angemessen ist eine Maßnahme, wenn sie zu dem angestrebten Erfolg nicht erkennbar außer Verhältnis steht. Eine Rechtsgüterabwägung hat zu erfolgen (§ 15 Abs. 2 BPolG).

Die zu schützenden Rechtsgüter sind das Recht auf körperliche Unversehrtheit/Gesundheit, Leben gem. Art. 2 Abs. 2 Satz 1 GG der Reisenden sowie Sicherheit des Luftverkehrs. Zugleich greifen wir in die Grundrechte der 20 Reisenden auf allgemeine Handlungsfreiheit gem. Art. 2 Abs. 1 GG, Fortbewegungsfreiheit gem. Art. 2 Abs. 2 Satz 2 i. V. m. Art. 104 Abs. 1 GG als Freiheitsbeschränkung und in das Recht auf informationelle Selbstbestimmung gem. Art. 2 Abs. 1 i. V. m. Art. 1 Abs. 1 GG ein. Nach Abwägung der Rechtsgüter überwiegen die zu schützenden Rechtsgüter die betroffenen Rechtsgüter in ihrer Wertigkeit. Die zu schützenden Rechtsgüter überwiegen in Anzahl und Wertigkeit und sind im Interesse der Reisenden. Der Grundrechtseingriff ist nur von kurzer Dauer, geringer Intensität und verursacht keine Schäden bei den Betroffenen. Die Angaben sind freiwillig. Die Maßnahme dient auch dem Schutz der Reisenden. Die Maßnahme steht nicht erkennbar außer Verhältnis zum Zweck. Die Maßnahme ist somit auch angemessen.

Die Maßnahme ist damit insgesamt verhältnismäßig.

3.4 Besondere gesetzliche Pflichten/Formvorschriften

Allgemein:

- Bekanntgabe der Maßnahme (§ 41 VwVfG)
- Begründung (§ 39 VwVfG)

- Inhaltlich hinreichend bestimmt (§ 37 VwVfG)
- Rechtsbehelfsbelehrung auf Verlangen

Speziell:

- RGL der Datenerhebung auf Verlangen nennen (§ 21 Abs. 4 BPolG)
- Daten sind offen und beim Betroffenen zu erheben (§ 21 Abs. 3 BPolG)
- Pflicht zu Angaben zur Person (§ 22 Abs. 2 BPolG)
- Belehrung über Zeugnis- und Auskunftsverweigerungsrecht (§ 22 Abs. 3 BPolG, §§ 52, 55 StPO)
- Information über Freiwilligkeit der Angaben zur Sache (§ 22 Abs. 2 BPolG)
- Keine verbotenen Vernehmungsmethoden (§ 22 Abs. 4 BPolG, § 136a StPO)
- Kein unmittelbarer Zwang, Ausnahme: Anhalten (§ 22 Abs. 4 BPolG, § 12 VwVG)

3.5 Feststellung der Rechtmäßigkeit der Maßnahme

Somit ist die Befragung der 20 Reisenden im Nahbereich des Rucksacks gem. § 22 Abs. 1 BPolG insgesamt rechtmäßig.

Fall 5: Befragung – § 22 Abs. 1 BPolG

Sachverhalt

Sie sind im Rahmen Ihres grenzpolizeilichen Praktikums in der BPOLI Forst in der heutigen Frühschicht eingesetzt und haben zusammen mit PHM Geißler den Auftrag zur Überwachung des 30-km-Bereiches.

Aus der Lage ist Ihnen bekannt, dass es in der Vergangenheit vermehrt zu Schleusungsdelikten im Zuständigkeitsbereich der BPOLI Forst gekommen ist. Dazu wurde insbesondere eine Bushaltestelle in der Ortslage Briesnig als Treffpunkt/ Umsteigeplatz genutzt, um die geschleusten Personen mit Lieferwagen in das Landesinnere zu verbringen. In unmittelbarer Nähe befindet sich eine Tankstelle. Die Tankstelle hat heute geöffnet und ein Mitarbeiter befindet sich an der Kasse.

Aufgabe

Prüfen Sie die Rechtmäßigkeit der Maßnahme, die Sie nun gegen den Mitarbeiter der Tankstelle treffen (Ziffer 1 bis 3.5 des Prüfschemas)!

Lösungsvorschlag

1 Entscheidung

1.1 Entscheidung zu präventivem oder repressivem Handeln

Die Entscheidung zu präventivem oder repressivem Handeln ist zu treffen.

Eine Bushaltestelle in der Ortslage Briesnig wird regelmäßig als Treffpunkt/Umsteigeplatz für Schleusungsdelikte genutzt.

Noch ist kein Schaden eingetreten. Doch ohne polizeiliches Einschreiten könnte es zu weiteren Schleusungsdelikten kommen.

Es wären Rechtsgüter der öffentlichen Sicherheit betroffen, hier die objektive Rechtsordnung (AufenthG) sowie die Sicherheit der Grenze mit ihrer Filterfunktion.

Es handelt sich um eine bevorstehende Rechtsgutverletzung als Gefahr für die öffentliche Sicherheit. Deshalb ist präventives Einschreiten erforderlich.

1.2 Benennung der zu treffenden Maßnahme

Bei der nun zu treffenden Maßnahme könnte es sich um eine Befragung des Tankstellenmitarbeiters gem. § 22 Abs. 1 BPolG handeln.

2 Zuständigkeit

2.1 Sachliche Zuständigkeit

Die sachliche Zuständigkeit ergibt sich aus § 1 Abs. 2, § 2 Abs. 2 Nr. 3, § 58 Abs. 1 BPolG i. V. m. § 1 Abs. 1 BPolZV.

2.2 Örtliche Zuständigkeit

Die örtliche Zuständigkeit ergibt sich aus § 58 Abs. 1 BPolG i. V. m. § 2 Abs. 1 Nr. 8 BPolZV.

3 Eingriff

3.1 Befugnisnorm

Als Voraussetzung für die Befragung gem. § 22 Abs. 1 BPolG müssten Tatsachen vorliegen, die die Annahme rechtfertigen, dass der Mitarbeiter sachdienliche Angaben machen kann zu einer der Bundespolizei obliegenden Aufgabe.

Zunächst müssten Tatsachen vorliegen, die die Annahme rechtfertigen, dass der Mitarbeiter sachdienliche Angaben machen kann.

Tatsachen sind gesicherte Erkenntnisse und begründen objektiv die Annahme, dass ein bestimmter Sachverhalt tatsächlich existiert oder mit Wahrscheinlichkeit zu erwarten ist.

Sachdienliche Angaben sind objektiv nachvollziehbare Fakten, die einen bestimmten Schluss zulassen.

Aufgrund von Lageinformationen ist bekannt, dass es in der Vergangenheit vermehrt zu Schleusungsdelikten im Zuständigkeitsbereich der BPOLI Forst gekommen ist. Dazu wurde insbesondere eine Tankstelle in der Ortslage Briesnig genutzt, um die geschleusten Personen mit Lieferwagen in das Landesinnere zu verbringen. Die Tankstelle hat geöffnet und ein Mitarbeiter befindet sich vor Ort.

Der Mitarbeiter könnte von der Tankstelle aus verdächtige Personen oder den Schleusungsvorgang beobachtet haben. In dem Fall könnte der Mitarbeiter Angaben zum Tathergang, zur Anzahl und zum Verhalten der Personen, zu Fahrzeugen, Kennzeichen, ggf. Personenbeschreibungen und zur Fahrtrichtung bzw. zum Verbleib der Täter etc. machen. Aufgrund dieser Angaben wäre ein zielgerichteter Einsatz (z. B. in Form einer Fahndung, Beobachtung usw.) für die Bundespolizei möglich.

Es liegen also Tatsachen vor, die die Annahme rechtfertigen, dass der Mitarbeiter sachdienliche Angaben machen kann.

Es müsste eine bestimmte der Bundespolizei obliegende Aufgabe erfüllt werden.

Das sind alle präventiven Aufgaben der Bundespolizei gem. §§ 1 bis 7 BPolG.

Hier befinden wir uns bei der Wahrnehmung grenzpolizeilicher Aufgaben gem. § 2 Abs. 2 Nr. 3 BPolG, also in unserem Aufgabenbereich. Dazu gehört die Abwehr von Gefahren, die die Sicherheit der Grenze beeinträchtigen. Schleusungsdelikte und unerlaubte Einreisen, wie hier im vorliegenden Sachverhalt, beeinträchtigen insbesondere die Filterfunktion und somit die Sicherheit der Grenze. Eine präventive Aufgabe der Bundespolizei ist betroffen. Somit wird eine der Bundespolizei obliegende Aufgabe erfüllt.

Die Voraussetzungen für eine Befragung gem. § 22 Abs. 1 BPolG sind somit insgesamt erfüllt.

3.2 Adressat

Die Maßnahme müsste sich gegen den richtigen Adressaten richten.

Adressat ist die Person, die sachdienliche Angaben machen kann. Eine Gefahr geht hier zunächst nicht von der Person aus. Der Adressat ergibt sich aus der Befugnis selbst. Es handelt sich bei dem Tankstellenmitarbeiter um den Normadressaten gem. § 20 Abs. 2 i. V. m. § 22 Abs. 1 BPolG.

3.3 Allgemeine Rechtmäßigkeitsvoraussetzungen/Verhältnismäßigkeit

Die Maßnahme müsste verhältnismäßig sein.

Das ist sie, wenn sie geeignet, erforderlich und angemessen ist.

Die Maßnahme müsste geeignet sein.

Die Maßnahme ist geeignet, wenn sie objektiv zwecktauglich ist, das polizeiliche Ziel zu erreichen.

Das polizeiliche Ziel ist hier, Informationen zu den Schleusungsdelikten zu gewinnen, um weitere Straftaten der unerlaubten Einreise/des unerlaubten Aufenthalts zu verhindern/unterbinden. Durch gezielte Informationen könnte insbesondere der Modus Operandi aufgeklärt und damit ein rechtzeitiges Eingreifen der Bundespolizei ermöglicht werden. Die Befragung ist somit objektiv zwecktauglich, um das polizeiliche Ziel zu erreichen. Die Maßnahme ist geeignet.

Weiterhin müsste die Maßnahme auch erforderlich sein.

Erforderlich ist die Maßnahme, wenn sie von mehreren möglichen und geeigneten Maßnahmen diejenige ist, die den Einzelnen und die Allgemeinheit voraussichtlich am wenigsten beeinträchtigt (§ 15 Abs. 1 BPolG).

Die gezielte Beobachtung gem. § 21 Abs. 1 BPolG, in Form von offener oder gedeckter Postierung/Bestreifung des Tankstellengeländes, wäre zwar eine denkbare mildere Maßnahme. Diese würde jedoch längere Zeit in Anspruch nehmen und wäre nicht so effektiv, um zeitnah an Informationen zu gelangen. Die Maßnahme ist somit auch erforderlich.

Schließlich müsste die Maßnahme auch angemessen sein.

Angemessen ist eine Maßnahme, wenn sie zu dem angestrebten Erfolg nicht erkennbar außer Verhältnis steht. Eine Rechtsgüterabwägung hat zu erfolgen (§ 15 Abs. 2 BPolG).

Die zu schützenden Rechtsgüter sind der Strafverfolgungsanspruch des Staates und die Sicherheit und die Funktionsfähigkeit der Grenze als Universalrechtsgüter.

Wir greifen in die Grundrechte des Mitarbeiters auf allgemeine Handlungsfreiheit gem. Art. 2 Abs. 1 GG, Fortbewegungsfreiheit gem. Art. 2 Abs. 2 Satz 2 i. V. m. Art. 104 Abs. 1 GG als Freiheitsbeschränkung und in das Recht auf informationelle Selbstbestimmung gem. Art. 2 Abs. 1 i. V. m. Art. 1 Abs. 1 GG ein. Nach Abwägung der Rechtsgüter überwiegen die zu schützenden Rechtsgüter die betroffenen Rechtsgüter in ihrer Wertigkeit, da auf diese Weise zukünftige Straftaten verhütet werden können. Der Grundrechtseingriff ist nur von kurzer Dauer, geringer Intensität und verursacht keine Schäden beim Betroffenen. Die Angaben sind freiwillig. Die Maßnahme steht nicht erkennbar außer Verhältnis zum Zweck. Die Maßnahme ist somit auch angemessen.

Die Maßnahme ist damit insgesamt verhältnismäßig.

3.4 Besondere gesetzliche Pflichten/Formvorschriften

Allgemein:

- Bekanntgabe der Maßnahme (§ 41 VwVfG)
- Begründung (§ 39 VwVfG)

- Inhaltlich hinreichend bestimmt (§ 37 VwVfG)
- Rechtsbehelfsbelehrung auf Verlangen

Speziell:

- RGL der Datenerhebung auf Verlangen nennen (§ 21 Abs. 4 BPolG)
- Daten sind offen und beim Betroffenen zu erheben (§ 21 Abs. 3 BPolG)
- Pflicht zu Angaben zur Person (§ 22 Abs. 2 BPolG)
- Belehrung über Zeugnis- und Auskunftsverweigerungsrecht (§ 22 Abs. 3 BPolG, §§ 52, 55 StPO)
- Information über Freiwilligkeit der Angaben zur Sache (§ 22 Abs. 2 BPolG)
- Keine verbotenen Vernehmungsmethoden (§ 22 Abs. 4 BPolG, § 136a StPO)
- Kein unmittelbarer Zwang, Ausnahme: Anhalten (§ 22 Abs. 4 BPolG, § 12 VwVG)

3.5 Feststellung der Rechtmäßigkeit der Maßnahme

Somit ist die Befragung des Tankstellenmitarbeiters gem. § 22 Abs. 1 BPolG insgesamt rechtmäßig.

Fall 6: Befragung – § 22 Abs. 1a BPolG

Sachverhalt

Sie absolvieren Ihr bahnpolizeiliches Praktikum in der BPOLI Hamburg und sind auf dem Hauptbahnhof Hamburg eingesetzt.

Die Auswertung der Lage der vergangenen Wochen hat ergeben, dass die Zugverbindung des Nachtzuges von Amsterdam nach Hamburg vermehrt für unerlaubte Einreisen nach Deutschland genutzt wird. Dabei werden die Zugtickets in den Zügen von den Schleusern an die Geschleusten übergeben.

Sie sind in der heutigen Nachtschicht, zusammen mit PHM Beier, als sog. Zugstreife im besagten Nachtzug, auf dem Streckenabschnitt Hamburg Harburg bis Hamburg Hauptbahnhof, eingesetzt.

In dem ersten Abteil, das Sie betreten, sitzt ein allein reisender Mann (M), der augenscheinlich unverdächtig ist.

Aufgabe

Prüfen Sie die Rechtmäßigkeit der nun vordringlich gegen M zu treffenden Maßnahme (Ziffer 1 bis 3.5 des Prüfschemas)!

Lösungsvorschlag

1 Entscheidung

1.1 Entscheidung zu präventivem oder repressivem Handeln

Die Entscheidung zu präventivem oder repressivem Handeln ist zu treffen.

Die Streife ist im Nachtzug, der vermehrt für unerlaubte Einreisen nach Deutschland genutzt wird, eingesetzt.

Es kann im Sachverhalt noch kein Schaden erkannt werden. Durch die Maßnahme soll erst festgestellt werden, ob ein Schaden vorliegt oder zu erwarten ist.

Wenn eine unerlaubte Einreise oder Schleusung (Verstoß gegen das AufenthG) vorliegt bzw. festgestellt werden würde, wäre ein Schaden für die objektive Rechtsordnung und das Universalrechtsgut Sicherheit der Grenze bereits eingetreten.

Der Schaden würde sich ohne polizeiliches Handeln mit der Fortsetzung der Einreise vertiefen.

Es handelt sich um eine anhaltende Rechtsgutverletzung als Gefahr für die öffentliche Sicherheit. Deshalb ist ein präventives Einschreiten erforderlich.

1.2 Benennung der zu treffenden Maßnahme

Bei der nun zu treffenden Maßnahme könnte es sich um eine Befragung des M gem. § 22 Abs. 1a BPolG handeln.

2 Zuständigkeit

2.1 Sachliche Zuständigkeit

Die sachliche Zuständigkeit ergibt sich aus § 1 Abs. 2, § 2 Abs. 1, § 58 Abs. 1 BPolG i. V. m. § 1 Abs. 1 BPolZV.

2.2 Örtliche Zuständigkeit

Die örtliche Zuständigkeit ergibt sich aus § 58 Abs. 1 BPolG i. V. m. § 2 Abs. 1 Nr. 2 BPolZV.

3 Eingriff

3.1 Befugnisnorm

Gem. § 22 Abs. 1a BPolG kann die BPOL in den Zügen zur Verhinderung und Unterbindung der unerlaubten Einreise eine Person befragen, soweit aufgrund von Lageerkenntnissen anzunehmen ist, dass die Züge zur unerlaubten Einreise genutzt werden.

Dazu müsste die Befragung in den Zügen stattfinden.

Züge sind die auf die freie Strecke übergehenden, aus Regelfahrzeugen bestehenden, durch Maschinenkraft bewegten Einheiten und einzeln fahrenden Triebfahrzeuge (§ 34 EBO).

Die Streife befindet sich im Nachtzug von Amsterdam nach Hamburg. Somit findet die Befragung in einem Zug statt.

Es müssten Lageerkenntnisse vorliegen, aufgrund derer anzunehmen ist, dass dieser Zug zur unerlaubten Einreise genutzt wird.

Lageerkenntnisse beschreiben die polizeiliche Lage des Einsatzgebietes zum Zeitpunkt des Einschreitens und umfassen jegliche polizeilich relevante Information in Bezug auf die unerlaubte Einreise, unabhängig von der Informationsquelle.

Die Auswertung der Lage der vergangenen Wochen hat ergeben, dass die Zugverbindung des Nachtzuges von Amsterdam nach Hamburg vermehrt für unerlaubte Einreisen nach Deutschland genutzt wird.

Somit liegen Lageerkenntnisse vor, aufgrund derer anzunehmen ist, dass dieser Zug zur unerlaubten Einreise genutzt wird.

Die Befragung müsste zur Verhinderung oder Unterbindung der unerlaubten Einreise dienen.

Die Einreise eines Ausländers ist gemäß § 14 Abs. 1 AufenthG unerlaubt, wenn er entweder ohne Pass, ohne erforderlichen Aufenthaltstitel, mittels Gebrauchs eines erschlichenen Visums oder entgegen einer Wiedereinreisesperre einreist.

Verhindern bedeutet, einen zukünftigen Vorgang von vornherein unmöglich zu machen, d. h. hier die unmittelbar bevorstehende unerlaubte Einreise zu verhindern.

Unterbinden bedeutet, einen bereits in Gang gesetzten Vorgang (unerlaubte Einreise) abzubrechen.

Durch die Maßnahme können Erkenntnisse in Bezug auf etwaige unerlaubte Einreisen gewonnen werden, das Lagebild vervollständigt sowie zukünftige Straftaten verhindert werden, beispielsweise durch die Abschreckung potenzieller Täter.

Die Befragung dient somit der Unterbindung und Verhinderung der unerlaubten Einreise.

Insgesamt liegen alle Voraussetzungen des § 22 Abs. 1a BPolG vor.

3.2 Adressat

Die Maßnahme müsste sich gegen den richtigen Adressaten richten.

Adressat ist der M, der sich im Zug aufhält. Der Adressat ergibt sich aus der Befugnis selbst. Es handelt sich hier um den Normadressaten gem. § 20 Abs. 2 i. V. m. § 22 Abs. 1a BPolG.

3.3 Allgemeine Rechtmäßigkeitsvoraussetzungen/Verhältnismäßigkeit

Die Maßnahme müsste verhältnismäßig sein.

Das ist sie, wenn sie geeignet, erforderlich und angemessen ist.

Die Maßnahme müsste geeignet sein.

Die Maßnahme ist geeignet, wenn sie objektiv zwecktauglich ist, das polizeiliche Ziel zu erreichen.

Polizeiliches Ziel ist es, zur Verhinderung und Unterbindung der unerlaubten Einreise polizeilich relevante Erkenntnisse zu erhalten. Durch eine Befragung können gezielte Informationen zur Vervollständigung des Lagebildes gewonnen werden. Die Befragung ist somit objektiv zwecktauglich, das polizeiliche Ziel zu erreichen. Die Maßnahme ist geeignet.

Weiterhin müsste die Maßnahme auch erforderlich sein.

Erforderlich ist die Maßnahme, wenn sie von mehreren möglichen und geeigneten Maßnahmen diejenige ist, die den Einzelnen und die Allgemeinheit voraussichtlich am wenigsten beeinträchtigt (§ 15 Abs. 1 BPolG).

Die gezielte Beobachtung gem. § 21 Abs. 1 BPolG, in Form von offener oder gedeckter Postierung/Bestreifung, wäre eine denkbare mildere Maßnahme. Diese würde aber längere Zeit in Anspruch nehmen und wäre nicht so effektiv, um zeitnah an gezielte Informationen bezüglich unerlaubter Einreisen oder Erkenntnisse über bereits erfolgte Taten zu erlangen. Die Maßnahme ist somit auch erforderlich.

Schließlich müsste die Maßnahme auch angemessen sein.

Angemessen bedeutet, dass eine Maßnahme nicht zu einem Nachteil führen darf, der zum erstrebten Erfolg erkennbar außer Verhältnis steht. Es hat eine Rechtsgüterabwägung zu erfolgen (§ 15 Abs. 2 BPolG).

Eingegriffen wird in die Rechte des M auf allgemeine Handlungsfreiheit gem. Art. 2 Abs. 1 GG, ggf. Fortbewegungsfreiheit gem. Art. 2 Abs. 2 Satz 2 i. V. m. Art. 104 Abs. 1 GG als Freiheitsbeschränkung und in das Recht auf informationelle Selbstbestimmung gem. Art. 2 Abs. 1 i. V. m. Art. 1 Abs. 1 GG. Durch die Maßnahme sollen die objektive Rechtsordnung sowie das Rechtsgut der Sicherheit der Grenze und somit die öffentliche Sicherheit geschützt werden.

Der Grundrechtseingriff ist gering, nur von kurzer Dauer und verursacht keine Schäden bei dem Betroffenen. Die Angaben sind freiwillig. Nach Abwägung der Rechtsgüter überwiegen die zu schützenden die betroffenen Rechtsgüter in ihrer Wertigkeit, da auf diese Weise zukünftige Straftaten der unerlaubten Einreise verhindert oder unterbunden werden können.

Die Maßnahme ist somit auch angemessen.

Die Maßnahme ist damit insgesamt verhältnismäßig.

3.4 Besondere gesetzliche Pflichten/Formvorschriften

Allgemein:

- Bekanntgabe der Maßnahme (§ 41 VwVfG)
- Begründung (§ 39 VwVfG)
- Inhaltlich hinreichend bestimmt (§ 37 VwVfG)
- Rechtsbehelfsbelehrung auf Verlangen

Speziell:

- RGL der Datenerhebung auf Verlangen nennen (§ 21 Abs. 4 BPolG)
- Daten sind offen und beim Betroffenen zu erheben (§ 21 Abs. 3 BPolG)
- Pflicht zu Angaben zur Person (§ 22 Abs. 2 BPolG)
- Belehrung über Zeugnis- und Auskunftsverweigerungsrecht (§ 22 Abs. 3 BPolG, §§ 52, 55 StPO)
- Information über Freiwilligkeit der Angaben zur Sache (§ 22 Abs. 2 BPolG)
- keine verbotenen Vernehmungsmethoden (§ 22 Abs. 4 BPolG, § 136a StPO)
- kein unmittelbarer Zwang, Ausnahme: Anhalten (§ 22 Abs. 4 BPolG, § 12 VwVG)

3.5 Feststellung der Rechtmäßigkeit der Maßnahme

Somit ist die Befragung des M gem. § 22 Abs. 1a BPolG insgesamt rechtmäßig.

Fall 7: Befragung – § 22 Abs. 1a BPolG

Sachverhalt

Sie absolvieren Ihr Praktikum in der BPOLI Hamburg Flughafen.

Die Auswertung der Lage der vergangenen Wochen hat ergeben, dass die Flugverbindung von Athen nach Hamburg vermehrt für unerlaubte Einreisen nach Deutschland genutzt wird.

Sie sind mit PHM Franz zur Überwachung des Ankunftsbereiches des sog. Intra-Schengen-Verkehrs eingesetzt. Soeben ist eine Maschine aus Athen/Griechenland kommend gelandet. Der erste Passagier (P) betritt den Ankunftsbereich, um seinen Koffer am Gepäckband zu empfangen. Sie treten an den P heran, welcher augenscheinlich legal eingereist ist.

Aufgabe

Prüfen Sie die Rechtmäßigkeit der nun vordringlich gegen P zu treffenden Maßnahme (Ziffer 1 bis 3. 5 des Prüfschemas)!

Auf Maßnahmen, die die Aufgabe Luftsicherheit betreffen, ist nicht einzugehen.

Lösungsvorschlag

1 Entscheidung

1.1 Entscheidung zu präventivem oder repressivem Handeln

Die Entscheidung zu präventivem oder repressivem Handeln ist zu treffen.

Die Flugverbindung von Athen nach Hamburg wird vermehrt für unerlaubte Einreisen nach Deutschland genutzt.

Es kann im Sachverhalt noch kein Schaden erkannt werden. Durch die Maßnahme soll erst festgestellt werden, ob ein Schaden vorliegt oder zu erwarten ist.

Wenn eine unerlaubte Einreise oder Schleusung (Verstoß gegen das AufenthG) vorliegt bzw. festgestellt werden würde, wäre ein Schaden für die objektive Rechtsordnung und das Universalrechtsgut Sicherheit der Grenze bereits eingetreten.

Der Schaden würde sich ohne polizeiliches Handeln mit der Fortsetzung der Einreise vertiefen.

Es handelt sich um eine anhaltende Rechtsgutverletzung als Gefahr für die öffentliche Sicherheit. Deshalb ist ein präventives Einschreiten erforderlich.

1.2 Benennung der zu treffenden Maßnahme

Bei der nun zu treffenden Maßnahme könnte es sich um eine Befragung des P gem. § 22 Abs. 1a BPolG handeln.

2 Zuständigkeit

2.1 Sachliche Zuständigkeit

Die sachliche Zuständigkeit ergibt sich aus § 1 Abs. 2, § 2 Abs. 1, § 58 Abs. 1 BPolG i. V. m. § 1 Abs. 1 BPolZV.

2.2 Örtliche Zuständigkeit

Die örtliche Zuständigkeit ergibt sich aus § 58 Abs. 1 BPolG i. V. m. § 2 Abs. 1 Nr. 2 BPolZV.

3 Eingriff

3.1 Befugnisnorm

Gem. § 22 Abs. 1a BPolG kann die BPOL in einer Einrichtung eines Verkehrsflughafens (§ 4 BPolG) mit grenzüberschreitendem Verkehr zur Verhinderung und Unterbindung der unerlaubten Einreise in das Bundesgebiet jede Person befragen.

Dazu müsste die Befragung in einer <u>Einrichtung eines Verkehrsflughafens</u> (§ 4 BPolG) mit <u>grenzüberschreitendem Verkehr</u> stattfinden.

Eine dem Luftverkehr dienenden Anlage oder Einrichtung eines Verkehrsflughafens mit grenzüberschreitendem Verkehr ist ein festgelegtes Ge-

biet auf dem Lande oder Wasser, einschließlich Gebäude, Anlagen und Ausrüstung, das ganz oder teilweise für Ankunft, Abflug und Bewegung von Luftfahrzeugen bestimmt ist.

Die Streife befindet sich im Hamburger Flughafen zur Überwachung des Ankunftsbereiches des sog. Intra-Schengen-Verkehrs, hier Athen/Griechenland-Hamburg/Deutschland. Somit findet die Befragung in einer Einrichtung eines Verkehrsflughafens (§ 4 BPolG) mit grenzüberschreitendem Verkehr statt.

Die Befragung müsste zur Verhinderung oder Unterbindung der unerlaubten Einreise dienen.

Die Einreise eines Ausländers ist gemäß § 14 Abs. 1 AufenthG unerlaubt, wenn er entweder ohne Pass, ohne erforderlichen Aufenthaltstitel, mittels Gebrauchs eines erschlichenen Visums oder entgegen einer Wiedereinreisesperre einreist.

Verhindern bedeutet, einen zukünftigen Vorgang von vornherein unmöglich zu machen, d. h. hier die unmittelbar bevorstehende unerlaubte Einreise zu verhindern.

Unterbinden bedeutet, einen bereits in Gang gesetzten Vorgang (unerlaubte Einreise) abzubrechen.

Durch die Maßnahme können Erkenntnisse in Bezug auf etwaige unerlaubte Einreisen gewonnen werden, das Lagebild vervollständigt sowie zukünftige Straftaten verhindert werden, beispielsweise durch die Abschreckung potenzieller Täter.

Die Befragung dient somit der Unterbindung und Verhinderung der unerlaubten Einreise.

Insgesamt liegen alle Voraussetzungen des § 22 Abs. 1a BPolG vor.

3.2 Adressat

Die Maßnahme müsste sich gegen den richtigen Adressaten richten.

Adressat ist der P, der sich im Flughafen aufhält. Der Adressat ergibt sich aus der Befugnis selbst. Es handelt sich hier um den Normadressaten gem. § 20 Abs. 2 i. V. m. § 22 Abs. 1a BPolG.

3.3 Allgemeine Rechtmäßigkeitsvoraussetzungen/Verhältnismäßigkeit

Die Maßnahme müsste verhältnismäßig sein.

Das ist sie, wenn sie geeignet, erforderlich und angemessen ist.

Die Maßnahme müsste geeignet sein.

Die Maßnahme ist geeignet, wenn sie objektiv zwecktauglich ist, das polizeiliche Ziel zu erreichen.

Polizeiliches Ziel ist es, zur Verhinderung und Unterbindung der unerlaubten Einreise polizeilich relevante Erkenntnisse zu erhalten. Durch eine Befragung können gezielte Informationen zur Vervollständigung des Lagebildes gewonnen werden. Die Befragung ist somit objektiv zwecktauglich, das polizeiliche Ziel zu erreichen. Die Maßnahme ist geeignet.

Weiterhin müsste die Maßnahme auch erforderlich sein.

Erforderlich ist die Maßnahme, wenn sie von mehreren möglichen und geeigneten Maßnahmen diejenige ist, die den Einzelnen und die Allgemeinheit voraussichtlich am wenigsten beeinträchtigt (§ 15 Abs. 1 BPolG).

Die gezielte Beobachtung gem. § 21 Abs. 1 BPolG, in Form von offener oder gedeckter Postierung/Bestreifung, wäre eine denkbare mildere Maßnahme. Diese würde aber längere Zeit in Anspruch nehmen und wäre nicht so effektiv, um zeitnah an gezielte Informationen bezüglich unerlaubter Einreisen oder Erkenntnisse über bereits erfolgte Taten zu gelangen. Die Maßnahme ist somit auch erforderlich.

Schließlich müsste die Maßnahme auch angemessen sein.

Angemessen bedeutet, dass eine Maßnahme nicht zu einem Nachteil führen darf, der zum erstrebten Erfolg erkennbar außer Verhältnis steht. Es hat eine Rechtsgüterabwägung zu erfolgen (§ 15 Abs. 2 BPolG).

Eingegriffen wird in die Rechte des P auf allgemeine Handlungsfreiheit gem. Art. 2 Abs. 1 GG, ggf. Fortbewegungsfreiheit gem. Art. 2 Abs. 2 Satz 2 i. V. m. Art. 104 Abs. 1 GG als Freiheitsbeschränkung und in das Recht auf informationelle Selbstbestimmung gem. Art. 2 Abs. 1 i. V. m. Art. 1 Abs. 1 GG. Durch die Maßnahme sollen die objektive Rechtsordnung sowie das Rechtsgut der Sicherheit der Grenze und somit die öffentliche Sicherheit geschützt werden.

Der Grundrechtseingriff ist gering, nur von kurzer Dauer und verursacht keine Schäden bei dem Betroffenen. Die Angaben sind freiwillig. Nach Abwägung der Rechtsgüter überwiegen die zu schützenden die betroffenen Rechtsgüter in ihrer Wertigkeit, da auf diese Weise zukünftige Straftaten der unerlaubten Einreise verhindert oder unterbunden werden können.

Die Maßnahme ist somit auch angemessen.

Die Maßnahme ist damit insgesamt verhältnismäßig.

3.4 Besondere gesetzliche Pflichten/Formvorschriften

Allgemein:

- Bekanntgabe der Maßnahme (§ 41 VwVfG)
- Begründung (§ 39 VwVfG)
- Inhaltlich hinreichend bestimmt (§ 37 VwVfG)
- Rechtsbehelfsbelehrung auf Verlangen

Speziell:

- RGL der Datenerhebung auf Verlangen nennen (§ 21 Abs. 4 BPolG)
- Daten sind offen und beim Betroffenen zu erheben (§ 21 Abs. 3 BPolG)
- Pflicht zu Angaben zur Person (§ 22 Abs. 2 BPolG)
- Belehrung über Zeugnis- und Auskunftsverweigerungsrecht (§ 22 Abs. 3 BPolG, §§ 52, 55 StPO)
- Information über Freiwilligkeit der Angaben zur Sache (§ 22 Abs. 2 BPolG)
- keine verbotenen Vernehmungsmethoden (§ 22 Abs. 4 BPolG, § 136a StPO)
- kein unmittelbarer Zwang, Ausnahme: Anhalten (§ 22 Abs. 4 BPolG, § 12 VwVG)

3.5 Feststellung der Rechtmäßigkeit der Maßnahme

Somit ist die Befragung des P gem. § 22 Abs. 1a BPolG insgesamt rechtmäßig.

2.4 Fälle zur Identitätsfeststellung

Fall 8: Identitätsfeststellung zur Abwehr einer Gefahr – § 23 Abs. 1 Nr. 1, Abs. 3 BPolG

Sachverhalt

Sie absolvieren Ihr bahnpolizeiliches Praktikum in der BPOLI Hamburg und sind auf dem Hamburger Hauptbahnhof eingesetzt.

In der Vergangenheit kam es mehrfach zu sog. Fahrausweisautomatenaufbrüchen (FAA) durch Alleintäter, vornehmlich in den Nachtstunden.

Sie überwachen derzeit im Rahmen der Nachtschicht mit PHM Beier die Wandelhalle des Hamburger Hauptbahnhofes. Auf Höhe der Fahrausweisautomaten beobachten Sie eine dunkel gekleidete, männliche Person (P). P hantiert an einem der Automaten herum, ohne eine Fahrkarte zu kaufen. Als er Sie entdeckt, stellt er seine Handlung ein und wendet sich schnell von dem Automaten ab und will in die entgegensetzte Richtung davongehen. Sie können dies unterbinden. Auf Ihre anschließende Befragung reagiert der P ausweichend.

Aufgabe

Prüfen Sie die Rechtmäßigkeit der Maßnahme, die sie nun gegen P treffen (Ziffer 1 bis 3.5 des Prüfschemas)!

Lösungsvorschlag

1 Entscheidung

1.1 Entscheidung zu präventivem oder repressivem Handeln

Die Entscheidung zu präventivem oder repressivem Handeln ist zu treffen.

Eine männliche Person P verhält sich verdächtig an den Fahrausweisautomaten.

Ein Schaden ist bisher noch nicht eingetreten. Doch ohne polizeiliches Handeln kann ein Aufbruch des Fahrausweisautomaten (Straftat gem. §§ 242, 243 StGB) unmittelbar bevorstehen. Es wären Rechtsgüter der öffentlichen Sicherheit betroffen, die objektive Rechtsordnung sowie das Individualrechtsgut Recht auf Eigentum der DB AG und das Universalrechtsgut Sicherheit im Bahnverkehr.

Es handelt sich hier um eine bevorstehende Rechtsgutverletzung als Gefahr für die öffentliche Sicherheit. Deshalb ist ein präventives Einschreiten erforderlich.

1.2 Benennung der zu treffenden Maßnahme

Bei der nun zu treffenden Maßnahme könnte es sich um eine Identitätsfeststellung (IDF) des P gem. § 23 Abs. 1 Nr. 1, Abs. 3 BPolG handeln.

2 Zuständigkeit

2.1 Sachliche Zuständigkeit

Die sachliche Zuständigkeit ergibt sich aus § 1 Abs. 2, § 3 Abs. 1 Nr. 1, § 58 Abs. 1 BPolG i. V. m. § 1 Abs. 1 BPolZV.

2.2 Örtliche Zuständigkeit

Die örtliche Zuständigkeit ergibt sich aus § 58 Abs. 1 BPolG i. V. m. § 2 Abs. 1 Nr. 2 BPolZV.

3 Eingriff

3.1 Befugnisnorm

Als gesetzliche Voraussetzung müsste eine <u>konkrete Gefahr</u> i. S. d. § 14 Abs. 2 Satz 1 BPolG vorliegen.

Das ist die im Einzelfall bestehende Gefahr für die öffentliche Sicherheit oder Ordnung im Aufgabenbereich der Bundespolizei.

Es müsste eine <u>im Einzelfall bestehende Gefahr</u> vorliegen.

Die im Einzelfall bestehende Gefahr ist die hinreichende Wahrscheinlichkeit eines/einer Schadenseintritts/-vertiefung an einem Rechtsgut in absehbarer Zeit.

Eine dunkel gekleidete, männliche Person P hantiert an einem der Fahrausweisautomaten in der Wandelhalle herum, ohne eine Fahrkarte zu kaufen. Aufgrund der Lage ist nicht auszuschließen, dass der Automat aufgebrochen werden soll. Es ist somit hinreichend wahrscheinlich, dass es zu Straftaten kommt. Ein Schadenseintritt in absehbarer Zeit ist hinreichend wahrscheinlich. Somit liegt eine im Einzelfall bestehende Gefahr vor.

Diese Gefahr müsste für die öffentliche Sicherheit oder Ordnung bestehen.

Unter der öffentlichen Sicherheit versteht man den Schutz der Allgemeinheit und des Einzelnen vor Schäden, die dem Bestand und der Funktionsfähigkeit des Staates und seinen Einrichtungen, den Individual- und Universalrechtsgütern und der gesamten Rechtsordnung drohen.

Es wären Rechtsgüter der öffentlichen Sicherheit betroffen, die objektive Rechtsordnung sowie das Individualrechtsgut Recht auf Eigentum der DB AG und das Universalrechtsgut Sicherheit im Bahnverkehr. Eine Gefahr für die öffentliche Sicherheit liegt vor.

Der Vorfall müsste sich im Aufgabenbereich der Bundespolizei ereignen.

Das sind alle präventiven Aufgaben gem. der §§ 1 bis 7 BPolG.

Der Vorfall ereignet sich im Bereich der bahnpolizeilichen Aufgabenwahrnehmung gem. § 3 Abs. 1 Nr. 1 BPolG. Der Fahrausweisautomat ist für den Betrieb der Bahn notwendig, damit Reisende Fahrkarten käuflich erwerben können. Die Gefahr besteht also in diesem Fall für den Betrieb der Bahn. Eine präventive Aufgabe der Bundespolizei ist betroffen. Der Vorfall ereignet sich im Aufgabenbereich der Bundespolizei.

Eine konkrete Gefahr liegt insgesamt vor.

Somit sind die Voraussetzungen für eine IDF gem. § 23 Abs. 1 Nr. 1, Abs. 3 BPolG gegeben.

3.2 Adressat

Die Maßnahme müsste sich gegen den richtigen Adressaten richten.

P ist durch sein Verhalten selbst verantwortlich für die Gefahr. P ist demnach Verhaltensverantwortlicher gem. § 17 Abs. 1 BPolG und richtiger Adressat der Maßnahme.

3.3 Allgemeine Rechtmäßigkeitsvoraussetzungen/Verhältnismäßigkeit

Die Maßnahme müsste verhältnismäßig sein.

Das ist sie, wenn sie geeignet, erforderlich und angemessen ist.

Die Maßnahme müsste geeignet sein.

Die Maßnahme ist geeignet, wenn sie objektiv zwecktauglich ist, das polizeiliche Ziel zu erreichen.

Polizeiliches Ziel ist es, FAA zu verhindern und den Sachverhalt weiter aufzuklären. Durch eine IDF wird P als potenzieller Täter aus der Anonymität geholt und möglicherweise von der Begehung von Straftaten abgeschreckt. Die Identitätsfeststellung ist also objektiv zwecktauglich, das polizeiliche Ziel zu erreichen. Somit ist die Maßnahme geeignet.

Weiterhin müsste die Maßnahme auch erforderlich sein.

Erforderlich ist die Maßnahme, wenn sie von mehreren möglichen und geeigneten Maßnahmen diejenige ist, die den Einzelnen und die Allgemeinheit voraussichtlich am wenigsten beeinträchtigt (§ 15 Abs. 1 BPolG).

Die PVB haben die Situation bereits beobachtet gem. § 21 Abs. 1 BPolG. Denkbar wäre eine Unterlassungsverfügung gem. § 14 Abs. 1 BPolG als mildere Maßnahme, da P die Handlung aber bereits selbstständig eingestellt hat, erübrigt sich diese Maßnahme hier. Unabhängig davon würde sie aber dauerhaft nicht zum polizeilichen Ziel führen. Weiterhin wäre eine Befragung gem. § 22 Abs. 1 BPolG denkbar. P reagierte hierauf ausweichend und könnte bewusst unwahre Angaben machen. Ein Abschreckungseffekt durch die Entanonymisierung wäre nicht gegeben. Eine mildere Maßnahme ist also nicht ersichtlich. Die Maßnahme ist somit auch erforderlich.

Schließlich müsste die Maßnahme auch angemessen sein.

Angemessen ist eine Maßnahme, wenn sie zu dem angestrebten Erfolg nicht erkennbar außer Verhältnis steht. Eine Rechtsgüterabwägung hat zu erfolgen (§ 15 Abs. 2 BPolG).

P wird in seinem Recht auf informelle Selbstbestimmung gem. Art. 2 Abs. 1 i. V. m. Art. 1 Abs. 1 GG sowie kurzzeitig die allgemeine Handlungsfreiheit gem. Art. 2 Abs. 1 GG und die Fortbewegungsfreiheit als Freiheitsbeschränkung gem. Art. 2 Abs. 2 Satz 2 i. V. m. Art. 104 Abs. 1 GG eingeschränkt. Demgegenüber stehen die objektive Rechtsordnung sowie das Individualrechtsgut Recht auf Eigentum der DB AG gem. Art. 14 GG sowie das Universalrechtsgut Sicherheit im Bahnverkehr. Die zu schützenden Rechtsgüter überwiegen in der Anzahl und der Wertigkeit. P hat die Gefahr selbst verursacht. Die Maßnahme ist für P nur von kurzer Dauer und ohne Schaden für den Betroffenen. Somit ist die Maßnahme auch angemessen.

Die Identitätsfeststellung ist im Ergebnis verhältnismäßig.

3.4 Besondere gesetzliche Pflichten/Formvorschriften

Allgemein:

- Bekanntgabe der Maßnahme (§ 41 VwVfG)
- Begründung (§ 39 VwVfG)
- Inhaltlich hinreichend bestimmt (§ 37 VwVfG)
- Rechtsbehelfsbelehrung auf Verlangen

Speziell:
- IDF beim Betroffenen durchführen (§ 21 Abs. 3 BPolG)
- IDF hat offen zu erfolgen (§ 21 Abs. 3 BPolG)

3.5 Feststellung der Rechtmäßigkeit der Maßnahme:

Somit ist die Identitätsfeststellung des P gem. § 23 Abs. 1 Nr. 1, Abs. 3 BPolG insgesamt rechtmäßig.

Fall 9: Identitätsfeststellung zur Abwehr einer Gefahr – § 23 Abs. 1 Nr. 1, Abs. 3 BPolG

Sachverhalt

Sie absolvieren Ihr bahnpolizeiliches Praktikum in der BPOLI Hamburg und sind auf dem Hamburger Hauptbahnhof eingesetzt.

In der Vergangenheit kam es vermehrt zu Graffitistraftaten an den abgestellten Güterzügen auf dem Güter- und Rangierbahnhof Maschen. Daher haben Sie den Auftrag erhalten, in der Nachtschicht mit PHM Beier den Güter- und Rangierbahnhof Maschen zu überwachen.

Sie treffen auf eine Personengruppe von drei dunkel bekleideten Männern, die das Bahngelände soeben betreten wollen. Sie führen Rucksäcke und Taschen bei sich, aus denen deutlich das Klappern von Dosen zu hören ist. Augenscheinlich sind die Männer der Graffiti-Szene zuzuordnen.

Eine durchgeführte Befragung lässt Ihrerseits Zweifel offen, warum die Männer sich zur Nachtzeit auf dem Güter- und Rangierbahnhof Maschen aufhalten.

Aufgabe

Prüfen Sie die Rechtmäßigkeit der Maßnahme, die sie nun gegenüber den Männern treffen (Ziffer 1 bis 3.5 des Prüfschemas)!

Lösungsvorschlag

1 Entscheidung

1.1 Entscheidung zu präventivem oder repressivem Handeln

Die Entscheidung zu präventivem oder repressivem Handeln ist zu treffen.

Eine Gruppe männlicher Personen, die der Graffiti-Szene zuzuordnen sind, hält sich nachts in der Nähe des Güter- und Rangierbahnhofes Maschen auf und will soeben das Gelände betreten. Ein Schaden ist bisher noch nicht eingetreten. Doch ohne polizeiliches Handeln könnten Graffiti-Straftaten gem. § 303 StGB unmittelbar bevorstehen.

Es wären Rechtsgüter der öffentlichen Sicherheit betroffen, die objektive Rechtsordnung sowie das Individualrechtsgut Recht auf Eigentum der DB AG und das Universalrechtsgut Sicherheit und Funktionsfähigkeit des Bahnverkehrs.

Es handelt sich hier um eine bevorstehende Rechtsgutverletzung als Gefahr für die öffentliche Sicherheit. Deshalb ist ein präventives Einschreiten erforderlich.

1.2 Benennung der zu treffenden Maßnahme

Bei der nun zu treffenden Maßnahme könnte es sich um eine Identitätsfeststellung (IDF) der männlichen Personen gem. § 23 Abs. 1 Nr. 1, Abs. 3 BPolG handeln.

2 Zuständigkeit

2.1 Sachliche Zuständigkeit

Die sachliche Zuständigkeit ergibt sich aus § 1 Abs. 2, § 3 Abs. 1 Nr. 1, § 58 Abs. 1 BPolG i. V. m. § 1 Abs. 1 BPolZV.

2.2 Örtliche Zuständigkeit

Die örtliche Zuständigkeit ergibt sich aus § 58 Abs. 1 BPolG i. V. m. § 2 Abs. 1 Nr. 2 BPolZV.

3 Eingriff

3.1 Befugnisnorm

Als gesetzliche Voraussetzung müsste eine <u>konkrete Gefahr</u> i. S. d. § 14 Abs. 2 Satz 1 BPolG vorliegen.

Das ist die im Einzelfall bestehende Gefahr für die öffentliche Sicherheit oder Ordnung im Aufgabenbereich der Bundespolizei.

Es müsste eine <u>im Einzelfall bestehende Gefahr</u> vorliegen.

Die im Einzelfall bestehende Gefahr ist die hinreichende Wahrscheinlichkeit eines/r Schadenseintritts/-vertiefung an einem Rechtsgut in absehbarer Zeit.

Eine Personengruppe von drei dunkel bekleideten Männern führt Rucksäcke und Taschen bei sich, aus denen das Klappern von Dosen zu hören ist. Augenscheinlich sind die Männer der Graffiti-Szene zuzuordnen. Sie halten sich in der Nähe des Bahngeländes auf. Es ist somit hinreichend wahrscheinlich, dass es zu Straftaten kommt. Ein Schadenseintritt in absehbarer Zeit ist hinreichend wahrscheinlich. Somit liegt eine im Einzelfall bestehende Gefahr vor.

Diese Gefahr müsste für die öffentliche Sicherheit oder Ordnung bestehen.

Unter der öffentlichen Sicherheit versteht man den Schutz der Allgemeinheit und des Einzelnen vor Schäden, die dem Bestand und der Funktionsfähigkeit des Staates und seinen Einrichtungen, den Individual- und Universalrechtsgütern und der gesamten Rechtsordnung drohen.

Es wären Rechtsgüter der öffentlichen Sicherheit betroffen, die objektive Rechtsordnung sowie das Individualrechtsgut Recht auf Eigentum der DB AG und das Universalrechtsgut Sicherheit des Bahnverkehrs. Eine Gefahr für die öffentliche Sicherheit liegt vor.

Der Vorfall müsste sich im Aufgabenbereich der Bundespolizei ereignen.

Das sind alle präventiven Aufgaben gem. der §§ 1 bis 7 BPolG.

Der Vorfall ereignet sich auf dem Güter- und Rangierbahnhof Maschen und somit in der bahnpolizeilichen Aufgabenwahrnehmung gem. § 3 Abs. 1 Nr. 1 BPolG. Der Güter- und Rangierbahnhof mit den sich dort befindlichen Zügen stellt eine Anlage der Bahn dar. Die Gefahr besteht also in diesem Fall für die Anlagen der Bahn. Eine präventive Aufgabe der Bundespolizei ist betroffen. Der Vorfall ereignet sich im Aufgabenbereich der Bundespolizei.

Eine konkrete Gefahr liegt insgesamt vor.

Somit sind die Voraussetzungen für eine IDF gem. § 23 Abs. 1 Nr. 1, Abs. 3 BPolG gegeben.

3.2 Adressat

Die Maßnahme müsste sich gegen den richtigen Adressaten richten.

Die Personen verursachen durch ihr Verhalten selbst die Gefahr. Sie sind demnach Verhaltensverantwortliche gem. § 17 Abs. 1 BPolG und richtige Adressaten der Maßnahme.

3.3 Allgemeine Rechtmäßigkeitsvoraussetzungen/Verhältnismäßigkeit

Die Maßnahme müsste verhältnismäßig sein.

Das ist sie, wenn sie geeignet, erforderlich und angemessen ist.

Die Maßnahme müsste geeignet sein.

Die Maßnahme ist geeignet, wenn sie objektiv zwecktauglich ist, das polizeiliche Ziel zu erreichen.

Polizeiliches Ziel hier ist es, Graffiti-Straftaten zum Nachteil der DB AG zu verhindern. Durch eine Identitätsfeststellung werden die Personen als potenzielle Täter aus der Anonymität geholt und möglicherweise von der Begehung von Straftaten abgeschreckt. Die Identitätsfeststellung ist also objektiv zwecktauglich, das polizeiliche Ziel zu erreichen. Somit ist die Maßnahme geeignet.

Weiterhin müsste die Maßnahme auch erforderlich sein.

Erforderlich ist die Maßnahme, wenn sie von mehreren möglichen und geeigneten Maßnahmen diejenige ist, die den Einzelnen und die Allgemeinheit voraussichtlich am wenigsten beeinträchtigt (§ 15 Abs. 1 BPolG).

Die PVB könnten die Situation auch zunächst als mildere Maßnahme beobachten gem. § 21 Abs. 1 BPolG. Das Begehen von Straftaten könnte dadurch aber nicht sicher verhindert werden. Eine durchgeführte Befragung gem. § 22 Abs. 1 BPolG konnte nicht alle Zweifel klären. Die Personen könnten zudem bewusst unwahre Angaben machen. Ein Abschreckungseffekt durch die Entanonymisierung ist nicht gegeben. Eine mildere Maßnahme ist also nicht ersichtlich. Die Maßnahme ist somit auch erforderlich.

Schließlich müsste die Maßnahme auch angemessen sein.

Angemessen ist eine Maßnahme, wenn sie zu dem angestrebten Erfolg nicht erkennbar außer Verhältnis steht. Eine Rechtsgüterabwägung hat zu erfolgen (§ 15 Abs. 2 BPolG).

Die Personen werden im Recht auf informelle Selbstbestimmung gem. Art. 2 Abs. 1 i. V. m. Art. 1 Abs. 1 GG, kurzzeitig im Recht auf allgemeine Handlungsfreiheit gem. Art. 2 Abs. 1 GG und im Recht auf Fortbewegungsfreiheit als Freiheitsbeschränkung gem. Art. 2 Abs. 2 Satz 2 i. V. m. Art. 104 Abs. 1 GG eingeschränkt.

Demgegenüber stehen die objektive Rechtsordnung sowie das Individualrechtsgut Recht auf Eigentum der DB AG gem. Art. 14 GG sowie das Universalrechtsgut Sicherheit des Bahnverkehrs. Die zu schützenden Rechtsgüter überwiegen in der Anzahl und der Wertigkeit. Die Personen haben die Gefahr selbst verursacht. Die Maßnahme ist für sie nur von kurzer Dauer, geringer Intensität und ohne Schaden für die Betroffenen. Somit ist die Maßnahme auch angemessen.

Die Identitätsfeststellung ist im Ergebnis verhältnismäßig.

3.4 Besondere gesetzliche Pflichten/Formvorschriften

Allgemein:

- Bekanntgabe der Maßnahme (§ 41 VwVfG)
- Begründung (§ 39 VwVfG)
- Inhaltlich hinreichend bestimmt (§ 37 VwVfG)
- Rechtsbehelfsbelehrung auf Verlangen

Speziell:

- IDF beim Betroffenen durchführen (§ 21 Abs. 3 BPolG)
- IDF hat offen zu erfolgen (§ 21 Abs. 3 BPolG)

3.5 Feststellung der Rechtmäßigkeit der Maßnahme:

Somit ist die Identitätsfeststellung der männlichen Personen gem. § 23 Abs. 1 Nr. 1, Abs. 3 BPolG insgesamt rechtmäßig.

Fall 10: Identitätsfeststellung bei der Grenzkontrolle – § 23 Abs. 1 Nr. 2, Abs. 3 BPolG

Sachverhalt

Sie absolvieren Ihr Praktikum in der BPOLI Hamburg-Flughafen.

Sie sind mit PHM Franz zur Einreisekontrolle des Fluges SU1537 aus Moskau kommend eingesetzt.

Zur Einreisekontrolle am Grenzkontrollschalter wird der russische Staatsangehörige (R) vorstellig.

Aufgabe

Prüfen Sie die Rechtmäßigkeit der Maßnahme, die Sie nun gegen R treffen (Ziffer 1 bis 3.5 des Prüfschemas)!

Lösungsvorschlag

1 Entscheidung

1.1 Entscheidung zu präventivem oder repressivem Handeln

Die Entscheidung zu präventivem oder repressivem Handeln ist zu treffen.

R wird zur Einreisekontrolle aus Moskau kommend vorstellig. Es kann im Sachverhalt noch kein Schaden erkannt werden. Durch die Kontrolle soll erst festgestellt werden, ob ein Schaden vorliegt. Wenn eine unerlaubte Einreise (Verstoß gegen das AufenthG) vorliegt bzw. festgestellt werden würde, wäre ein Schaden für die objektive Rechtsordnung und das Universalrechtsgut Sicherheit der Grenze bereits eingetreten.

Der Schaden würde sich ohne polizeiliches Handeln mit der Fortsetzung der Einreise/des Aufenthalts vertiefen.

Es handelt sich dann um eine bevorstehende (ggf. anhaltende) Rechtsgutverletzung als Gefahr für die öffentliche Sicherheit. Daher ist präventives Einschreiten erforderlich.

1.2 Benennung der zu treffenden Maßnahme

Bei der nun zu treffenden Maßnahme könnte es sich um eine Identitätsfeststellung (IDF) des R gem. Art. 8 SGK i. V. m. § 23 Abs. 1 Nr. 2, Abs. 3 BPolG handeln.

2 Zuständigkeit

2.1 Sachliche Zuständigkeit

Die sachliche Zuständigkeit ergibt sich aus § 1 Abs. 2, § 2 Abs. 2 Nr. 2 Buchstabe a), § 58 Abs. 1 BPolG i. V. m. § 1 Abs. 1 BPolZV.

2.2 Örtliche Zuständigkeit

Die örtliche Zuständigkeit ergibt sich aus § 58 Abs. 1 BPolG i. V. m. § 2 Abs. 1 Nr. 2 BPolZV.

3 Eingriff

3.1 Befugnisnorm

Die Voraussetzungen des Art. 8 SGK i. V. m. § 23 Abs. 1 Nr. 2, Abs. 3 BPolG müssten vorliegen.

Der Status des Reisenden ist festzustellen.

R ist russischer Staatsangehöriger. R ist kein Deutscher i. S. d. Art. 116 Abs. 1 GG und somit Ausländer gem. § 2 Abs. 1 AufenthG. Russland ist kein Mitgliedstaat der EU/EWR. R ist weder EU- noch EWR-Bürger. R ist auch kein Staatsangehöriger der Schweiz. Es liegen auch keine Anhaltspunkte dafür vor, dass R ein Familienangehöriger eines Staatsangehörigen dieser Staaten ist und abgeleitetes Freizügigkeitsrecht in Anspruch nehmen könnte. R hat keinen Anspruch auf freien Personenverkehr i. S. d. Art. 2 Nr. 5 SGK und ist somit Drittstaatsangehöriger gem. Art. 2 Nr. 6 SGK.

Die Art der Grenze, die überschritten wurde, ist festzustellen.

R wird mit dem Flug aus Moskau/Russland kommend vorstellig. Russland ist kein Schengenstaat i. S. d. SDÜ und SGK. Somit wurde eine Schengen-Außengrenze i. S. d. Art. 2 Nr. 2 SGK überflogen.

R müsste sich bei der Kontrolle des grenzüberschreitenden Verkehrs befinden.

Da sich R bei der Einreisekontrolle befindet, ist die Einreise gem. § 13 Abs. 2 Satz 1 AufenthG noch nicht vollendet.

Folglich ist R bei der Einreisekontrolle einer eingehenden Kontrolle gem. Art. 8 Abs. 3 SGK i. V. m. § 23 Abs. 1 Nr. 2, Abs. 3 BPolG zu unterziehen.

3.2 Adressat

Die Maßnahme müsste sich gegen den richtigen Adressaten richten.

Der Adressat ergibt sich aus der Norm selbst, also die Person, die zur Einreisekontrolle vorstellig wird. R ist demnach Normadressat gem. § 20 Abs. 2 i. V. m. § 23 Abs. 1 Nr. 2 BPolG und richtiger Adressat der Maßnahme.

3.3 Allgemeine Rechtmäßigkeitsvoraussetzungen/Verhältnismäßigkeit

Die Maßnahme müsste verhältnismäßig sein.

Das ist sie, wenn sie geeignet, erforderlich und angemessen ist.

Die Maßnahme müsste geeignet sein.

Die Maßnahme ist geeignet, wenn sie objektiv zwecktauglich ist, das polizeiliche Ziel zu erreichen.

Polizeiliches Ziel ist es, die Identität und die Einreisevoraussetzungen des R festzustellen. Da wir das durch das Anhalten und Kontrollieren der Person durch die vorgelegten Dokumente überprüfen können, ist die Maßnahme objektiv zwecktauglich. Somit ist die Maßnahme geeignet.

Weiterhin müsste die Maßnahme auch erforderlich sein.

Erforderlich ist die Maßnahme, wenn sie von mehreren möglichen und geeigneten Maßnahmen diejenige ist, die den Einzelnen und die Allgemeinheit voraussichtlich am wenigsten beeinträchtigt (§ 15 Abs. 1 BPolG).

Eine mildere Maßnahme, die zugleich noch den Erfolg der Gefahrenabwehr gewährleisten würde, ist hier nicht erkennbar. Eine Befragung gem. § 22 Abs. 1 BPolG als mögliche mildere Maßnahme würde nicht zur zweifelsfreien Feststellung der Identität führen. Somit ist die Maßnahme auch erforderlich.

Schließlich müsste die Maßnahme auch angemessen sein.

Angemessen ist eine Maßnahme, wenn sie zu dem angestrebten Erfolg nicht erkennbar außer Verhältnis steht. Eine Rechtsgüterabwägung hat zu erfolgen (§ 15 Abs. 2 BPolG).

Eingegriffen wird in das Recht auf allgemeine Handlungsfreiheit gem. Art. 2 Abs. 1 GG, in das Recht auf informationelle Selbstbestimmung gem. Art. 2 Abs. 1 i. V. m. Art. 1 Abs. 1 GG und das Recht auf Freiheit der Person, hier als kurze Freiheitsbeschränkung durch das erforderliche Anhalten zur Identitätsfeststellung, gem. Art. 2 Abs. 2 Satz 2 i. V. m. Art. 104 Abs. 1 GG. Durch die Maßnahme sollen die objektive Rechtsordnung sowie das Rechtsgut der Sicherheit der Grenze und somit die öffentliche Sicherheit geschützt werden. Im Rahmen der Kontrolle an einer Schengen-Außengrenze obliegt Deutschland zudem die sog. Garantenstellung gegenüber den anderen Mitgliedstaaten. Da es sich bei den geschützten Rechtsgütern um Universalrechtsgüter und damit um Rechte Vieler handelt, überwiegen sie in ihrer Wertigkeit. Zudem ist der Eingriff in die Rechte des Adressaten nur kurzfristig und ohne Schäden für den Betroffenen. Somit ist die Maßnahme auch angemessen.

Die Identitätsfeststellung ist somit verhältnismäßig.

3.4 Besondere gesetzliche Pflichten/Formvorschriften

Allgemein:
- Bekanntgabe der Maßnahme (§ 41 VwVfG)
- Begründung (§ 39 VwVfG)
- Inhaltlich hinreichend bestimmt (§ 37 VwVfG)
- Rechtsbehelfsbelehrung auf Verlangen

Speziell:
- IDF beim Betroffenen durchführen (§ 21 Abs. 3 BPolG)
- IDF hat offen zu erfolgen (§ 21 Abs. 3 BPolG)
- Pflicht zu Angaben zur Person (§ 22 Abs. 2 BPolG)

3.5 Feststellung der Rechtmäßigkeit der Maßnahme

Somit ist die Identitätsfeststellung des R gem. Art. 8 SGK i. V. m. § 23 Abs. 1 Nr. 2, Abs. 3 BPolG insgesamt rechtmäßig.

Fall 11: Identitätsfeststellung bei der Grenzkontrolle – § 23 Abs. 1 Nr. 2, Abs. 3 BPolG

Sachverhalt

Sie absolvieren Ihr Praktikum in der BPOLI Hamburg Flughafen.

Sie sind mit PHM Franz zur Einreisekontrolle des Fluges LH8170 aus New York kommend eingesetzt.

Am Grenzkontrollschalter wird der französische Staatsangehörige (F) vorstellig.

Aufgabe

Prüfen Sie die Rechtmäßigkeit der Maßnahme, die Sie nun gegen F treffen (Ziffer 1 bis 3.5 des Prüfschemas)!

Lösungsvorschlag

1 Entscheidung

1.1 Entscheidung zu präventivem oder repressivem Handeln

Die Entscheidung zu präventivem oder repressivem Handeln ist zu treffen.

F wird zur Einreisekontrolle aus New York kommend vorstellig. Es kann im Sachverhalt noch kein Schaden erkannt werden. Durch die Kontrolle soll erst festgestellt werden, ob ein Schaden vorliegt. Wenn eine unerlaubte Einreise (Verstoß gegen das AufenthG) vorliegt bzw. festgestellt werden würde, wäre ein Schaden für die objektive Rechtsordnung und das Universalrechtsgut Sicherheit der Grenze bereits eingetreten.

Der Schaden würde sich ohne polizeiliches Handeln mit der Fortsetzung der Einreise/des Aufenthalts vertiefen.

Es handelt sich dann um eine bevorstehende (ggf. anhaltende) Rechtsgutverletzung als Gefahr für die öffentliche Sicherheit. Präventives Handeln ist erforderlich.

1.2 Benennung der zu treffenden Maßnahme

Bei der nun zu treffenden Maßnahme könnte es sich um eine Identitätsfeststellung (IDF) des F gem. Art. 8 SGK i. V. m. § 23 Abs. 1 Nr. 2, Abs. 3 BPolG handeln.

2 Zuständigkeit

2.1 Sachliche Zuständigkeit

Die sachliche Zuständigkeit ergibt sich aus § 1 Abs. 2, § 2 Abs. 2 Nr. 2 Buchstabe a), § 58 Abs. 1 BPolG i. V. m. § 1 Abs. 1 BPolZV.

2.2 Örtliche Zuständigkeit

Die örtliche Zuständigkeit ergibt sich aus § 58 Abs. 1 BPolG i. V. m. § 2 Abs. 1 Nr. 2 BPolZV.

3 Eingriff

3.1 Befugnisnorm

Die Voraussetzungen des Art. 8 SGK i. V. m. § 23 Abs. 1 Nr. 2, Abs. 3 BPolG müssten vorliegen.

Der <u>Status des Reisenden</u> ist festzustellen.

F ist französischer Staatsangehöriger. F ist kein Deutscher i. S. d. Art. 116 Abs. 1 GG und somit Ausländer gem. § 2 Abs. 1 AufenthG. Frankreich ist ein Mitgliedstaat der EU. F ist somit Unionsbürger i. S. d. Art. 20 AEUV. Er hat Anspruch auf freien Personenverkehr i. S. d. Art. 2 Nr. 5 Buchstabe a) SGK.

Die <u>Art der Grenze</u>, die überschritten wurde, ist festzustellen.

F wird mit dem Flug aus New York/USA kommend vorstellig. Die USA ist kein Schengen-Staat i. S. d. SDÜ und SGK. Somit wurde eine Schengen-Außengrenze i. S. d. Art. 2 Nr. 2 SGK überflogen.

F müsste sich bei der Kontrolle des grenzüberschreitenden Verkehrs befinden.

Da sich F bei der Einreisekontrolle befindet, ist die Einreise gem. § 13 Abs. 2 Satz 1 AufenthG noch nicht vollendet.

Folglich ist F bei der Einreisekontrolle der Kontrolle einer Person, die nach Unionsrecht Anspruch auf freien Personenverkehr hat, gem. Art. 8 Abs. 2 SGK i. V. m. § 23 Abs. 1 Nr. 2, Abs. 3 BPolG zu unterziehen.

3.2 Adressat

Die Maßnahme müsste sich gegen den richtigen Adressaten richten.

Der Adressat ergibt sich aus der Norm selbst, also die Person, die zur Einreisekontrolle vorstellig wird. F ist demnach Normadressat gem. § 20 Abs. 2 i. V. m. § 23 Abs. 1 Nr. 2 BPolG und richtiger Adressat der Maßnahme.

3.3 Allgemeine Rechtmäßigkeitsvoraussetzungen/Verhältnismäßigkeit

Die Maßnahme müsste verhältnismäßig sein.

Das ist sie, wenn sie geeignet, erforderlich und angemessen ist.

Die Maßnahme müsste geeignet sein.

Die Maßnahme ist geeignet, wenn sie objektiv zwecktauglich ist, das polizeiliche Ziel zu erreichen.

Polizeiliches Ziel ist es, die Identität und die Einreisevoraussetzungen des F festzustellen. Da wir durch das Anhalten und Kontrollieren der Person die vorgelegten Dokumente überprüfen können, ist die Maßnahme objektiv zwecktauglich. Somit ist die Maßnahme geeignet.

Weiterhin müsste die Maßnahme auch erforderlich sein.

Erforderlich ist die Maßnahme, wenn sie von mehreren möglichen und geeigneten Maßnahmen diejenige ist, die den Einzelnen und die Allgemeinheit voraussichtlich am wenigsten beeinträchtigt (§ 15 Abs. 1 BPolG).

Eine mildere Maßnahme, die zugleich noch den Erfolg der Gefahrenabwehr gewährleisten würde, ist hier nicht erkennbar. Eine Befragung gem. § 22 Abs. 1 BPolG als mögliche mildere Maßnahme würde nicht zur zweifelsfreien Feststellung der Identität führen. Somit ist die Maßnahme auch erforderlich.

Schließlich müsste die Maßnahme auch angemessen sein.

Angemessen ist eine Maßnahme, wenn sie zu dem angestrebten Erfolg nicht erkennbar außer Verhältnis steht. Eine Rechtsgüterabwägung hat zu erfolgen (§ 15 Abs. 2 BPolG).

Eingegriffen wird in das Recht auf allgemeine Handlungsfreiheit gem. Art. 2 Abs. 1 GG, in das Recht auf informationelle Selbstbestimmung gem. Art. 2 Abs. 1 i. V. m. Art. 1 Abs. 1 GG und das Recht auf Freiheit der Person, hier als kurze Freiheitsbeschränkung durch das erforderliche Anhalten zur Identitätsfeststellung, gem. Art. 2 Abs. 2 Satz 2 i. V. m. Art. 104 Abs. 1 GG des F.

Durch die Maßnahme sollen die objektive Rechtsordnung sowie das Rechtsgut der Sicherheit der Grenze und somit die öffentliche Sicherheit geschützt werden. Im Rahmen der Kontrolle an einer Schengen-Außengrenze obliegt Deutschland zudem die sog. Garantenstellung gegenüber den anderen Mitgliedstaaten. Da es sich bei den geschützten Rechtsgütern um Universalrechtsgüter und damit um Rechte Vieler handelt, überwiegen sie in ihrer Wertigkeit. Zudem ist der Eingriff in die Rechte des F nur kurzfristig, von geringer Intensität und ohne Schäden für den Betroffenen. Somit ist die Maßnahme auch angemessen.

Die Identitätsfeststellung ist somit verhältnismäßig.

3.4 Besondere gesetzliche Pflichten/Formvorschriften

Allgemein:

- Bekanntgabe der Maßnahme (§ 41 VwVfG)
- Begründung (§ 39 VwVfG)
- Inhaltlich hinreichend bestimmt (§ 37 VwVfG)
- Rechtsbehelfsbelehrung auf Verlangen

Speziell:

- IDF beim Betroffenen durchführen (§ 21 Abs. 3 BPolG)
- IDF hat offen zu erfolgen (§ 21 Abs. 3 BPolG)

3.5 Feststellung der Rechtmäßigkeit der Maßnahme

Somit ist die Identitätsfeststellung des F gem. Art. 8 SGK i. V. m. § 23 Abs. 1 Nr. 2, Abs. 3 BPolG insgesamt rechtmäßig.

Fall 12: Identitätsfeststellung im Grenzgebiet – § 23 Abs. 1 Nr. 3 1. Alt., Abs. 3 BPolG

Sachverhalt

Sie sind im Rahmen Ihres verbandspolizeilichen Praktikums in der BPOLI Forst eingesetzt.

Im Rahmen eines Schwerpunkteinsatzes zur Verhinderung und Unterbindung unerlaubter Einreisen haben Sie den Auftrag, zusammen mit Ihrer Einsatzgruppe Kontrollen gegen fahndungsrelevante Fahrzeuge durchzuführen.

Die Fahndung richtet sich insbesondere gegen Fahrzeuge und Personen, die in Zusammenhang mit Schleusungsdelikten und unerlaubten Einreisen stehen könnten. Insbesondere Lkw älterer Baujahre entsprechen dem Fahndungsraster.

Sie sind als Kontrollbeamter eingesetzt und gerade wird über Funk vom Vorwarnposten PK Zischke die Annäherung eines fahndungsrelevanten Lkw, aus Richtung der 15 km entfernten Grenze zu Polen, gemeldet. Sie entscheiden sich, den Lkw anzuhalten.

Aufgabe

Prüfen Sie die Rechtmäßigkeit der nun zu treffenden Maßnahme gegen die Fahrzeuginsassen/Fahrer des Lkw (Ziffer 1.1 bis 3.5 des Prüfschemas)!

Lösungsvorschlag

1 Entscheidung

1.1 Entscheidung zu präventivem oder repressivem Handeln

Die Entscheidung zu präventivem oder repressivem Handeln ist zu treffen. Der Lkw und seine Insassen sollen kontrolliert werden.

Es kann im Sachverhalt noch kein Schaden erkannt werden. Durch die Kontrolle soll erst festgestellt werden, ob ein Schaden vorliegt. Wenn eine unerlaubte Einreise oder Schleusung (Verstoß gegen das AufenthG) vorliegt bzw. festgestellt werden würde, wäre ein Schaden für die objektive Rechtsordnung und das Universalrechtsgut Sicherheit der Grenze bereits eingetreten.

Der Schaden würde sich ohne polizeiliches Handeln mit der Fortsetzung der Einreise/des Aufenthalts vertiefen.

Es handelt sich dann um eine anhaltende (ggf. bevorstehende) Rechtsgutverletzung als Gefahr für die öffentliche Sicherheit. Präventives Handeln ist notwendig.

1.2 Benennung der zu treffenden Maßnahme

Bei der nun zu treffenden Maßnahme könnte es sich um eine Identitätsfeststellung (IDF) bei den Fahrzeuginsassen/dem Fahrer des Lkw gem. Art. 23 SGK i. V. m. § 23 Abs. 1 Nr. 3 1. Alt., Abs. 3 BPolG handeln.

2 Zuständigkeit

2.1 Sachliche Zuständigkeit

Die sachliche Zuständigkeit ergibt sich aus § 1 Abs. 2, § 2 Abs. 2 Nr. 3, § 58 Abs. 1 BPolG i. V. m. § 1 Abs. 1 BPolZV.

2.2 Örtliche Zuständigkeit

Die örtliche Zuständigkeit ergibt sich aus § 58 Abs. 1 BPolG i. V. m. § 2 Abs. 1 Nr. 8 BPolZV.

3 Eingriff

3.1 Befugnisnorm

Gem. § 23 Abs. 1 Nr. 3 1. Alt. BPolG kann die BPOL im Grenzgebiet zur Verhinderung oder Unterbindung der unerlaubten Einreise in das Bundesgebiet oder zur Verhütung von Straftaten i. S. v. § 12 Abs. 1 Nr. 1 bis 4 BPolG die Identität einer Person feststellen. Dazu darf diese gem. § 23 Abs. 3 BPolG angehalten werden.

Dazu müsste die Kontrolle im Grenzgebiet, d. h. im 30-km-Bereich stattfinden.

Der 30-km-Bereich erstreckt sich von der landwärtigen Begrenzung bis zu 30 km ins Landesinnere.

Im Rahmen der Grenzüberwachung fällt uns ein Lkw auf, der aus Richtung der ca. 15 km entfernten Grenze zu Polen kommt.

Somit befinden wir uns im 30 km-Bereich.

Weiterhin müsste die Identitätsfeststellung zur Verhinderung oder Unterbindung der unerlaubten Einreise dienen.

Die Einreise eines Ausländers ist gemäß § 14 Abs. 1 AufenthG unerlaubt, wenn er entweder ohne Pass, ohne erforderlichen Aufenthaltstitel, mittels Gebrauchs eines erschlichenen Visums oder entgegen einer Wiedereinreisesperre einreist.

Verhindern bedeutet, einen zukünftigen Vorgang von vornherein unmöglich zu machen, d. h. hier die unmittelbar bevorstehende unerlaubte Einreise zu verhindern.

Unterbinden bedeutet, einen bereits in Gang gesetzten Vorgang (unerlaubte Einreise) abzubrechen.

Durch die Kontrollmaßnahme können zum einen Personen/Fahrzeuginsassen festgestellt werden, die sich vor der polizeilichen Kontrolle bisher bewusst verborgen halten. Es kann dann zum anderen geprüft werden, ob diese Personen im Besitz der notwendigen Aufenthaltsdokumente sind. Sollte dies nicht der Fall sein, wären die zu kontrollierenden Personen unerlaubt nach Deutschland eingereist bzw. würden sich unerlaubt in Deutschland aufhalten.

Der Lkw und seine Insassen befinden sich bereits auf deutschem Hoheitsgebiet. Die Insassen sind somit bereits eingereist. Damit kann die Fortsetzung einer möglichen unerlaubten Einreise nur noch unterbunden werden.

Durch die Durchsuchung könnten zukünftige unerlaubte Einreisen/Aufenthalte verhindert werden. Beispielsweise durch Korrektur/Ergänzung des Lagebildes und Abschreckung potenzieller Täter.

Die Identitätsfeststellung dient somit der Unterbindung der unerlaubten Einreise.

Die Identitätsfeststellung müsste zudem zulässig zur Zweckerreichung sein.

Durch die Rechtsprechung wird regelmäßig eine nachvollziehbare Begründung hinsichtlich der durchzuführenden Identitätsfeststellung als erforderlich angesehen. Die eingesetzten Kräfte müssen demnach anhand nachvollziehbarer Fakten belegen können, warum die Identitätsfeststellung im Einzelfall erforderlich war.

Die Fahndung zielt insbesondere auf Fahrzeugtypen und Fahrer, die in Zusammenhang mit Schleusungen/unerlaubten Einreisen stehen könnten. Insbesondere Lkw älterer Baujahre entsprechen dem Fahndungsraster. Ein fahndungsrelevanter Lkw wird kontrolliert. Die Identitätsfeststellung bei den Insassen des Lkw ist somit zur Zweckerreichung, der Verhinderung oder Unterbindung der unerlaubten Einreise, erforderlich.

Somit sind die Voraussetzungen für eine IDF gem. Art. 23 SGK i. V. m. § 23 Abs. 1 Nr. 3 1. Alt., Abs. 3 BPolG erfüllt.

3.2 Adressat

Die Maßnahme müsste sich gegen den richtigen Adressaten richten.

Adressat ist hier der Fahrer/sind die Insassen des angehaltenen Lkw. Eine Gefahr geht hier zunächst nicht von ihnen aus. Der Adressat ergibt sich aus der Befugnis selbst. Es handelt sich also um den Normadressaten gem. § 20 Abs. 2 i. V. m. § 23 Abs. 1 Nr. 3 BPolG.

3.3 Allgemeine Rechtmäßigkeitsvoraussetzungen/Verhältnismäßigkeit

Die Maßnahme müsste verhältnismäßig sein.

Das ist sie, wenn sie geeignet, erforderlich und angemessen ist.

Die Maßnahme müsste geeignet sein.

Die Maßnahme ist geeignet, wenn sie objektiv zwecktauglich ist, das polizeiliche Ziel zu erreichen.

Polizeiliches Ziel ist es, zur Verhinderung oder Unterbindung der unerlaubten Einreise bzw. zur Verhütung von Straftaten die Identität der Fahrzeuginsassen festzustellen. Da wir durch das Anhalten und Kontrollieren der Person die Personalien und den Aufenthaltsstatus erfahren, ist die Maßnahme objektiv zwecktauglich. Somit ist die Maßnahme geeignet.

Weiterhin müsste die Maßnahme auch erforderlich sein.

Erforderlich ist die Maßnahme, wenn sie von mehreren möglichen und geeigneten Maßnahmen diejenige ist, die den Einzelnen und die Allgemeinheit voraussichtlich am wenigsten beeinträchtigt (§ 15 Abs. 1 BPolG).

Eine mildere Maßnahme, die zugleich noch den Erfolg der Gefahrenabwehr gewährleisten würde, ist hier nicht erkennbar. Insbesondere würde ein reines Beobachten gem. § 21 Abs. 1 BPolG nicht zur Feststellung der Identität und somit nicht zur Verhinderung/Unterbindung unerlaubter Einreisen oder zur Verhütung von Straftaten führen. Somit ist die Maßnahme auch erforderlich.

Schließlich müsste die Maßnahme auch angemessen sein.

Angemessen ist eine Maßnahme, wenn sie zu dem angestrebten Erfolg nicht erkennbar außer Verhältnis steht. Eine Rechtsgüterabwägung hat zu erfolgen (§ 15 Abs. 2 BPolG).

Eingegriffen wird in das Recht auf allgemeine Handlungsfreiheit gem. Art. 2 Abs. 1 GG, in das Recht auf informationelle Selbstbestimmung gem. Art. 2 Abs. 1 i. V. m. Art. 1 Abs. 1 GG und das Recht auf Freiheit der Person, hier als kurze Freiheitsbeschränkung durch das erforderliche Anhalten zur Identitätsfeststellung, gem. Art. 2 Abs. 2 Satz 2 i. V. m. Art. 104 Abs. 1 GG.

Durch die Maßnahme sollen die objektive Rechtsordnung sowie das Rechtsgut der Sicherheit der Grenze und somit die öffentliche Sicherheit geschützt werden.

Da es sich bei den geschützten Rechtsgütern um Universalrechtsgüter und damit um Rechte Vieler handelt, überwiegen sie in ihrer Wertigkeit. Zudem ist der Eingriff in die Rechte des Adressaten nur kurzfristig. Somit ist die Maßnahme auch angemessen.

Die Identitätsfeststellung ist somit verhältnismäßig.

3.4 Besondere gesetzliche Pflichten/Formvorschriften

Allgemein:

- Bekanntgabe der Maßnahme (§ 41 VwVfG)
- Begründung (§ 39 VwVfG)
- Inhaltlich hinreichend bestimmt (§ 37 VwVfG)
- Rechtsbehelfsbelehrung auf Verlangen

Speziell:

- IDF beim Betroffenen durchführen (§ 21 Abs. 3 BPolG)
- IDF hat offen zu erfolgen (§ 21 Abs. 3 BPolG)

3.5 Feststellung der Rechtmäßigkeit der Maßnahme

Somit ist die Identitätsfeststellung der Fahrzeuginsassen/des Fahrers des Lkw gem. Art. 23 SGK i. V. m. § 23 Abs. 1 Nr. 3 1. Alt., Abs. 3 BPolG insgesamt rechtmäßig.

Fall 13: Identitätsfeststellung im Grenzgebiet – § 23 Abs. 1 Nr. 3 1. Alt., Abs. 3 BPolG

Sachverhalt

Sie sind im Rahmen Ihres grenzpolizeilichen Praktikums in der BPOLI Forst als Fußstreife zusammen mit PHM Geißler im 30-km-Bereich eingesetzt.

In der Nähe der Ortschaft Grießen beobachten Sie zwei Männer, die zu Fuß aus einem kleinen Waldstück nahe der deutsch-polnischen Grenze, aus Richtung Polen, auf Sie zu kommen. Sie wissen, dass es in der Vergangenheit vermehrt zu unerlaubten Einreisen und Fußschleusungen gekommen ist.

Aufgabe

Prüfen Sie die Rechtmäßigkeit der nun zu treffenden Maßnahme gegen die beiden Männer (Ziffer 1.1 bis 3.5 des Prüfschemas)!

Lösungsvorschlag

1 Entscheidung

1.1 Entscheidung zu präventivem oder repressivem Handeln

Die Entscheidung zu präventivem oder repressivem Handeln ist zu treffen. Zwei Männer sollen im Grenzgebiet kontrolliert werden.

Es kann im Sachverhalt noch kein Schaden erkannt werden. Durch die Kontrolle soll erst festgestellt werden, ob ein Schaden vorliegt. Wenn eine unerlaubte Einreise oder Schleusung (Verstoß gegen das AufenthG) vorliegt bzw. festgestellt werden würde, wäre ein Schaden für die objektive Rechtsordnung und das Universalrechtsgut Sicherheit der Grenze bereits eingetreten.

Der Schaden würde sich ohne polizeiliches Handeln mit der Fortsetzung der Einreise/des Aufenthalts vertiefen.

Es handelt sich um eine bevorstehende (ggf. anhaltende) Rechtsgutverletzung als Gefahr für die öffentliche Sicherheit. Präventives Handeln ist erforderlich.

1.2 Benennung der zu treffenden Maßnahme

Bei der nun zu treffenden Maßnahme könnte es sich um eine Identitätsfeststellung (IDF) der beiden Männer gem. Art. 23 SGK i. V. m. § 23 Abs. 1 Nr. 3 1. Alt., Abs. 3 BPolG handeln.

2 Zuständigkeit

2.1 Sachliche Zuständigkeit

Die sachliche Zuständigkeit ergibt sich aus § 1 Abs. 2, § 2 Abs. 2 Nr. 3, § 58 I BPolG i. V. m. § 1 Abs. 1 BPolZV.

2.2 Örtliche Zuständigkeit

Die örtliche Zuständigkeit ergibt sich aus § 58 Abs. 1 BPolG i. V. m. § 2 Abs. 1 Nr. 8 BPolZV.

3 Eingriff

3.1 Befugnisnorm

Gem. § 23 Abs. 1 Nr. 3 1. Alt. BPolG kann die BPOL im Grenzgebiet zur Verhinderung/Unterbindung der unerlaubten Einreise in das Bundesgebiet oder zur Verhütung von Straftaten i. S. v. § 12 Abs. 1 Nr. 1 bis 4 BPolG die Identität einer Person feststellen. Dazu darf diese gem. § 23 Abs. 3 BPolG angehalten werden.

Dazu müsste die Kontrolle im Grenzgebiet, d. h. im-30-km Bereich stattfinden.

Der 30-km-Bereich erstreckt sich von der landwärtigen Begrenzung bis zu 30 km ins Landesinnere.

In der Nähe der Ortschaft Grießen beobachten wir zwei Männer, die zu Fuß aus einem kleinen Waldstück nahe der deutsch-polnischen Grenze, aus Richtung Polen, auf uns zukommen. Somit befinden wir uns im 30-km-Bereich.

Weiterhin müsste die Identitätsfeststellung zur Verhinderung oder Unterbindung der unerlaubten Einreise dienen.

Die Einreise eines Ausländers ist gemäß § 14 Abs. 1 AufenthG unerlaubt, wenn er entweder ohne Pass, ohne erforderlichen Aufenthaltstitel, mittels Gebrauchs eines erschlichenen Visums oder entgegen einer Wiedereinreisesperre einreist.

Verhindern bedeutet, einen zukünftigen Vorgang von vornherein unmöglich zu machen, d. h. hier die unmittelbar bevorstehende unerlaubte Einreise zu verhindern.

Unterbinden bedeutet, einen bereits in Gang gesetzten Vorgang (unerlaubte Einreise) abzubrechen.

Durch die Kontrollmaßnahme kann dann weiterhin geprüft werden, ob diese Personen im Besitz der notwendigen Aufenthaltsdokumente sind. Sollte dies nicht der Fall sein, wären die zu kontrollierenden Personen unerlaubt nach Deutschland eingereist bzw. halten sich unerlaubt in Deutschland auf.

Die Personen befinden sich bereits auf deutschem Hoheitsgebiet und sind somit bereits eingereist. Damit kann die Fortsetzung einer möglichen unerlaubten Einreise nur noch unterbunden werden.

Durch die Identitätsfeststellung könnten zukünftige unerlaubte Einreisen/Aufenthalte verhindert werden. Beispielsweise durch Korrektur/Ergänzung des Lagebildes und Abschreckung potenzieller Täter.

Die Identitätsfeststellung dient somit der Unterbindung der unerlaubten Einreise.

Die Identitätsfeststellung müsste zudem zulässig zur Zweckerreichung sein.

Durch die Rechtsprechung wird regelmäßig eine nachvollziehbare Begründung hinsichtlich der durchzuführenden Identitätsfeststellung als erforderlich angesehen. Die eingesetzten Kräfte müssen demnach anhand nachvollziehbarer Fakten belegen können, warum die Identitätsfeststellung im Einzelfall erforderlich war.

In der Nähe der Ortschaft Grießen beobachten wir zwei Männer, die zu Fuß aus einem kleinen Waldstück nahe der deutsch-polnischen Grenze, aus Richtung Polen, auf uns zu kommen. Das Verhalten und der Ort des Antreffens sind ungewöhnlich. Die Identitätsfeststellung bei den beiden Männern ist somit zur Zweckerreichung, der Verhinderung oder Unterbindung der unerlaubten Einreise, erforderlich.

Somit sind die Voraussetzungen für eine IDF gem. Art. 23 SGK i. V. m. § 23 Abs. 1 Nr. 3, Abs. 3 BPolG erfüllt.

3.2 Adressat

Die Maßnahme müsste sich gegen den richtigen Adressaten richten.

Adressat sind die beiden Männer, die sich im Grenzgebiet aufhalten. Eine Gefahr geht hier zunächst nicht von ihnen aus. Der Adressat ergibt sich aus der Befugnis selbst. Es handelt sich um Normadressaten gem. § 20 Abs. 2 i. V. m. § 23 Abs. 1 Nr. 3 BPolG.

3.3 Allgemeine Rechtmäßigkeitsvoraussetzungen/Verhältnismäßigkeit

Die Maßnahme müsste verhältnismäßig sein.

Das ist sie, wenn sie geeignet, erforderlich und angemessen ist.

Die Maßnahme müsste geeignet sein.

Die Maßnahme ist geeignet, wenn sie objektiv zwecktauglich ist, das polizeiliche Ziel zu erreichen.

Polizeiliches Ziel ist es, zur Verhinderung oder Unterbindung der unerlaubten Einreise bzw. zur Verhütung von Straftaten die Identität der Männer festzustellen. Da wir durch das Anhalten und Kontrollieren der Person die Personalien und den Aufenthaltsstatus erfahren, ist die Maßnahme objektiv zwecktauglich. Somit ist die Maßnahme geeignet.

Weiterhin müsste die Maßnahme auch erforderlich sein.

Erforderlich ist die Maßnahme, wenn sie von mehreren möglichen und geeigneten Maßnahmen diejenige ist, die den Einzelnen und die Allgemeinheit voraussichtlich am wenigsten beeinträchtigt (§ 15 Abs. 1 BPolG).

Eine mildere Maßnahme, die zugleich noch den Erfolg der Gefahrenabwehr gewährleisten würde, ist hier nicht erkennbar. Insbesondere würde ein reines Beobachten gem. § 21 Abs. 1 BPolG oder eine Befragung gem. § 22 Abs. 1 BPolG nicht zur Feststellung der Identität und somit nicht zur Verhinderung/Unterbindung unerlaubter Einreisen oder der Verhütung von Straftaten führen. Somit ist die Maßnahme auch erforderlich.

Schließlich müsste die Maßnahme auch angemessen sein.

Angemessen ist eine Maßnahme, wenn sie zu dem angestrebten Erfolg nicht erkennbar außer Verhältnis steht. Eine Rechtsgüterabwägung hat zu erfolgen (§ 15 Abs. 2 BPolG).

Eingegriffen wird in das Recht auf allgemeine Handlungsfreiheit gem. Art. 2 Abs. 1 GG, in das Recht auf informationelle Selbstbestimmung gem. Art. 2 Abs. 1 i. V. m. Art. 1 Abs. 1 GG und das Recht auf Freiheit der Person, hier als kurze Freiheitsbeschränkung durch das erforderliche Anhalten zur Identitätsfeststellung, gem. Art. 2 Abs. 2 Satz 2 i. V. m. Art. 104 Abs. 1 GG. Durch die Maßnahme sollen die objektive Rechtsordnung sowie das Rechtsgut der Sicherheit der Grenze und somit die öffentliche Sicherheit geschützt werden.

Da es sich bei den geschützten Rechtsgütern um Universalrechtsgüter und damit um Rechte Vieler handelt, überwiegen sie in ihrer Wertigkeit. Zudem ist der Eingriff in die Rechte der Adressaten nur kurzfristig, von geringer Intensität und ohne Schäden für die Betroffenen. Somit ist die Maßnahme auch angemessen.

Die Identitätsfeststellung ist somit verhältnismäßig.

3.4 Besondere gesetzliche Pflichten/Formvorschriften

Allgemein:

- Bekanntgabe der Maßnahme (§ 41 VwVfG)
- Begründung (§ 39 VwVfG)
- Inhaltlich hinreichend bestimmt (§ 37 VwVfG)
- Rechtsbehelfsbelehrung auf Verlangen

Speziell:

- IDF beim Betroffenen durchführen (§ 21 Abs. 3 BPolG)
- IDF hat offen zu erfolgen (§ 21 Abs. 3 BPolG)

3.5 Feststellung der Rechtmäßigkeit der Maßnahme

Somit ist die Identitätsfeststellung der beiden Männer gem. Art. 23 SGK i. V. m. § 23 Abs. 1 Nr. 3 1. Alt., Abs. 3 BPolG insgesamt rechtmäßig.

Fall 14: Identitätsfeststellung an gefährdeten Objekten – § 23 Abs. 1 Nr. 4, Abs. 3 BPolG

Sachverhalt

Sie absolvieren Ihr bahnpolizeiliches Praktikum in der BPOLI Hamburg.

Am heutigen Tage findet ein Fußball-Länderspiel zwischen Deutschland und England statt. Es werden ca. 10.000 anreisende Fußballfans erwartet. In der Vergangenheit kam es immer wieder zu gewalttätigen Auseinandersetzungen.

Die BPOLD Hannover hat in ihrem Zuständigkeitsbereich in Hamburg die Bahnhöfe Altona, Harburg, Dammtor und Hauptbahnhof für den heutigen Tag in der Zeit von 10.00 Uhr bis 20.00 Uhr zu gefährdeten Objekten i. S. d. § 23 Abs. 1 Nr. 4 BPolG erklärt.

Sie sollen heute mit PHM Beier in der Spätschicht die Anreisephase der Fußballfans im Bereich des Hamburger Hauptbahnhofes überwachen.

Im Bereich der Wandelhalle kommt Ihnen um 13.00 Uhr eine Gruppe alkoholisierter Fans der deutschen Mannschaft entgegen, die laut grölend die englischen Fans provoziert.

Von Ihnen ausgesprochene Unterlassungsverfügungen wurde bisher nicht beachtet.

Aufgabe

Prüfen Sie die Rechtmäßigkeit der nun zu treffenden Maßnahme gegen die Fußballfans (Ziffer 1 bis 3.5 des Prüfschemas)!

Lösungsvorschlag

1 Entscheidung

1.1 Entscheidung zu präventivem oder repressivem Handeln

Die Entscheidung zu präventivem oder repressivem Handeln ist zu treffen.

Am heutigen Tage findet ein Fußballspiel zwischen Deutschland und England statt. Der Hamburger Hauptbahnhof wurde u. a. zum gefährdeten Objekt erklärt. Im Bereich der Wandelhalle provozieren deutsche Fans verbal die englischen Fans.

Ein Schaden ist bisher noch nicht eingetreten. Doch ohne polizeiliches Handeln stehen gegenseitige Körperverletzungen gem. §§ 223 ff. StGB, Beteiligung an einer Schlägerei gem. § 231 StGB und Beleidigungen gem. § 185 StGB unmittelbar bevor.

Es wären Rechtsgüter der öffentlichen Sicherheit betroffen, die objektive Rechtsordnung sowie das Recht auf körperliche Unversehrtheit/Gesundheit, die Ehre der Fans sowie die Sicherheit des Bahnverkehrs. Es handelt sich hier um eine bevorstehende Rechtsgutverletzung als Gefahr für die öffentliche Sicherheit. Daher ist präventives Handeln erforderlich.

1.2 Benennung der zu treffenden Maßnahme

Die nun zu treffende Maßnahme könnte eine Identitätsfeststellung (IDF) der Fußballfans zur Verhütung oder Verhinderung von Straftaten an Schutzobjekten gem. § 23 Abs. 1 Nr. 4, Abs. 3 BPolG sein.

2 Zuständigkeit

2.1 Sachliche Zuständigkeit

Die sachliche Zuständigkeit ergibt sich aus § 1 Abs. 2, § 3 Abs. 1 Nr. 1, § 58 Abs. 1 BPolG i. V. m. § 1 Abs. 1 BPolZV.

2.2 Örtliche Zuständigkeit

Die örtliche Zuständigkeit ergibt sich aus § 58 Abs. 1 BPolG i. V. m. § 2 Abs. 1 Nr. 2 BPolZV.

3 Eingriff

3.1 Befugnisnorm

Die Voraussetzungen des § 23 Abs. 1 Nr. 4 BPolG müssten vorliegen.

Die Fans müssten sich in oder in unmittelbarer Nähe zu einem Schutzobjekt i. S. d. § 23 Abs. 1 Nr. 4 BPolG aufhalten.

Schutzobjekte sind die in der Norm genannten, insbesondere die Anlagen und Einrichtungen der Eisenbahnen des Bundes gem. § 3 BPolG.

Die Fußballfans befinden sich laut Sachverhalt in der Wandelhalle des Hamburger Hauptbahnhofes. Dabei handelt es sich unstrittig um eine Einrichtung der Eisenbahn des Bundes i. S. d. § 3 Abs. 1 BPolG und somit um ein Schutzobjekt i. S. d. § 23 Abs. 1 Nr. 4 BPolG.

Weiterhin müssten Tatsachen die Annahme rechtfertigen, dass dort Straftaten begangen werden sollen.

Tatsachen sind gesicherte Erkenntnisse und objektiv nachvollziehbare Fakten, dass ein Schaden oder ein bestimmter Sachverhalt tatsächlich existiert oder mit Wahrscheinlichkeit zu erwarten ist.

Diese können sich aus eigenen Feststellungen, Zeugenaussagen oder Mitteilung der Behörde ergeben. Gemäß Sachverhalt ist das Verhältnis der beiden Fangruppierungen feindschaftlich und in der Vergangenheit kam es immer wieder zu gewalttätigen Auseinandersetzungen. Auch am heutigen Tag sind gleichartige Straftaten zu erwarten. Somit liegen Tatsachen vor, die die Annahme weiterer Straftaten rechtfertigen.

Durch die zu erwartenden Straftaten müssten die im oder am Objekt befindlichen Personen oder diese Objekte selbst unmittelbar gefährdet sein.

Das heißt, eine unmittelbare Einwirkung auf die Objekte bzw. Personen ist grundsätzlich möglich.

Gemäß Sachverhalt gibt es erste verbale Auseinandersetzungen und Provokationen der Fangruppen im Hamburger Hauptbahnhof. Sollte es zu gewalttätigen Auseinandersetzungen kommen, wären sowohl die Fußballfans als auch andere Reisende betroffen. Somit liegt eine unmittelbare Gefährdung vor.

Die Feststellung der Identität müsste aufgrund der Gefährdungslage oder aufgrund personenbezogener Anhaltspunkte erforderlich sein.

Die Erforderlichkeit der Maßnahme kann sich aus der akuten Gefährdungslage selbst, aber alternativ auch aus personenbezogenen Anhaltspunkten ergeben.

Durch eine Identitätsfeststellung ist es möglich, eventuelle potenzielle Straftäter aus der Anonymität zu holen und einen Verzicht auf strafrechtlich relevante Aktivitäten zu erreichen. Die Fußballfans sind stark alkoholisiert und provozieren verbal. Unterlassungsverfügungen wurden bisher missachtet. Diese personenbezogenen Anhaltspunkte im Zusammenhang mit der o. g. Gefährdungslage sowie den Umständen und dem Ort des Antreffens machen die Feststellung der Identitätsfeststellung erforderlich.

Die Voraussetzungen des § 23 Abs. 1 Nr. 4 BPolG zur Feststellung der Identität sind insgesamt erfüllt.

3.2 Adressat

Die Maßnahme müsste sich gegen den richtigen Adressaten richten. Adressaten der Maßnahme sind hier die Fußballfans. Eine Gefahr muss nicht zwingend von ihnen ausgehen. Die Adressatenregelung ergibt sich aus der Befugnis selbst, d. h., es handelt sich um den sog. Normadressaten gem. § 20 Abs. 2 i. V. m. § 23 Abs. 1 Nr. 4 BPolG.

3.3 Allgemeine Rechtmäßigkeitsvoraussetzungen/Verhältnismäßigkeit

Die Maßnahme müsste verhältnismäßig sein.

Das ist sie, wenn sie geeignet, erforderlich und angemessen ist.

Die Maßnahme müsste geeignet sein.

Die Maßnahme ist geeignet, wenn sie objektiv zwecktauglich ist, das polizeiliche Ziel zu erreichen.

Polizeiliches Ziel hier ist es, die provozierenden Fans zu entanonymisieren, um körperliche Auseinandersetzungen zu verhindern. Die Identitätsfeststellung ist also objektiv zwecktauglich, um die Gefahr abzuwehren. Somit ist die Maßnahme geeignet.

Weiterhin müsste die Maßnahme auch erforderlich sein.

Erforderlich ist die Maßnahme, wenn sie von mehreren möglichen und geeigneten Maßnahmen diejenige ist, die den Einzelnen und die Allgemeinheit voraussichtlich am wenigsten beeinträchtigt (§ 15 Abs. 1 BPolG).

Die ausgesprochene Unterlassungsverfügung gem. § 14 Abs. 1 BPolG wurde bisher nicht beachtet. Es ist somit kein geringeres, geeignetes Mittel mehr vorhanden. Die Maßnahme ist somit auch erforderlich.

Schließlich müsste die Maßnahme auch angemessen sein.

Angemessen ist eine Maßnahme, wenn sie zu dem angestrebten Erfolg nicht erkennbar außer Verhältnis steht. Eine Rechtsgüterabwägung hat zu erfolgen (§ 15 Abs. 2 BPolG).

Bei den Fans wird das Recht auf informelle Selbstbestimmung gem. Art. 2 Abs. 1 i. V. m. Art. 1 Abs. 1 GG, kurzzeitig das Recht auf allgemeine Handlungsfreiheit gem. Art. 2 Abs. 1 GG und das Recht auf Fortbewegungsfreiheit als Freiheitsbeschränkung gem. Art. 2 Abs. 2 Satz 2 i. V. m. Art. 104 Abs. 1 GG eingeschränkt.

Demgegenüber steht das Recht auf körperliche Unversehrtheit und Gesundheit gem. Art. 2 Abs. 2 Satz 1 GG der Fußballfans und der unbeteiligten Reisenden und die Ehre gem. Art. 2 Abs. 1 i. V. m. Art. 1 Abs. 1 GG der Fußballfans sowie die Sicherheit des Bahnverkehrs. Die zu schützenden Rechtsgüter überwiegen in Anzahl und Wertigkeit. Die Fans haben die Situation selbst verursacht. Die Maßnahme ist nur von kurzer Dauer, geringer

Intensität und ohne Schäden für die Betroffenen. Somit ist die Maßnahme auch angemessen.

Die Identitätsfeststellung ist im Ergebnis verhältnismäßig.

3.4 Besondere gesetzliche Pflichten/Formvorschriften

Allgemein:

- Bekanntgabe der Maßnahme (§ 41 VwVfG)
- Begründung (§ 39 VwVfG)
- Inhaltlich hinreichend bestimmt (§ 37 VwVfG)
- Rechtsbehelfsbelehrung auf Verlangen

Speziell:

- IDF beim Betroffenen durchführen (§ 21 Abs. 3 BPolG)
- IDF hat offen zu erfolgen (§ 21 Abs. 3 BPolG)

3.5 Feststellung der Rechtmäßigkeit der Maßnahme

Somit ist die Feststellung der Identität der Fußballfans gem. § 23 Abs. 1 Nr. 4, Abs. 3 BPolG insgesamt rechtmäßig.

Fall 15: Identitätsfeststellung zum Schutz privater Rechte – § 23 Abs. 1 Nr. 5, Abs. 3 BPolG

Sachverhalt

Sie absolvieren Ihr bahnpolizeiliches Praktikum in der BPOLI Hamburg und sind auf dem Hamburger Hauptbahnhof eingesetzt.

Der Reisende R kippt im ICE von Berlin nach Hamburg aus Versehen seine Cola über die Hose der Reisenden A. Ein Zugbegleiter kann den Vorfall bezeugen. R und A konnten während der Fahrt die Angelegenheit untereinander nicht klären, da R sich weigert, die von A geforderten Reinigungskosten zu bezahlen. R will der A seine Personalien nicht herausgeben. A kann ihren Schadenersatzanspruch gegenüber R ohne dessen Personalien nicht geltend machen.

Der ICE trifft in Hamburg am Hauptbahnhof auf Gleis 1 ein und Sie erhalten vom Gruppenleiter den Auftrag, zusammen mit PHM Beier den Sachverhalt vor Ort aufzuklären. Sie begeben sich vor Ort und treffen R an.

Aufgabe

Prüfen Sie die Rechtmäßigkeit der Maßnahme, die Sie nun gegenüber R treffen (Ziffer 1 bis 3.5 des Prüfschemas)!

Lösungsvorschlag

1 Entscheidung

1.1 Entscheidung zu präventivem oder repressivem Handeln

Die Entscheidung zu präventivem oder repressivem Handeln ist zu treffen.

R kippt aus Versehen seine Cola über die Hose der A und will seine Personalien gegenüber A nicht herausgeben. Ein Schaden ist bereits eingetreten. Doch ohne polizeiliches Handeln kann A ihren persönlichen Anspruch auf Schadensersatz nach § 823 BGB gegenüber R nicht geltend machen. Es sind die Rechtsgüter der öffentlichen Sicherheit betroffen, hier das Individualrechtsgut Recht auf Eigentum der A und das Universalrechtsgut Sicherung berechtigter Ansprüche, hier Schadensersatzanspruch (Schutz privater Rechte).

Es handelt sich hier um eine anhaltende Rechtsgutverletzung als Gefahr für die öffentliche Sicherheit. Daher ist präventives Handeln erforderlich.

1.2 Benennung der zu treffenden Maßnahme

Bei der nun zu treffenden Maßnahme könnte es sich um eine Identitätsfeststellung (IDF) des R gem. § 23 Abs. 1 Nr. 5, Abs. 3 BPolG handeln.

2 Zuständigkeit

2.1 Sachliche Zuständigkeit

Die sachliche Zuständigkeit ergibt sich aus § 1 Abs. 2, 4, § 58 Abs. 1 BPolG i. V. m. § 1 Abs. 1 BPolZV.

2.2 Örtliche Zuständigkeit

Die örtliche Zuständigkeit ergibt sich aus § 58 Abs. 1 BPolG i. V. m. § 2 Abs. 1 Nr. 2 BPolZV.

3 Eingriff

3.1 Befugnisnorm

Als gesetzliche Voraussetzung gem. § 23 Abs. 1 Nr. 5, Abs. 3 BPolG müsste die Identitätsfeststellung des R zum Schutz privater Rechte i. S. d. § 1 Abs. 4 BPolG erfolgen.

Es müsste ein glaubhaftes Bestehen eines privatrechtlichen Anspruchs der A vorliegen.

Glaubhaft bedeutet, dass ein bestehendes Interesse des privatrechtlichen Anspruches vorliegt, das noch nicht abschließend bewiesen sein muss.

A gibt an, dass R ihr Cola über die Hose gekippt hat. Ein Zugbegleiter kann den Vorfall bezeugen. Somit liegt ein glaubhaftes Bestehen eines privatrechtlichen Anspruchs der A vor.

Gerichtlicher Schutz dürfte nicht bzw. nicht rechtzeitig zu erlangen sein.

Als Rechtsschutz wird das Recht jedes Bürgers bezeichnet, vor unabhängigen Gerichten in angemessener Zeit die Entscheidung über einen Sachverhalt zu bekommen bzw. sein Recht geltend zu machen.

Der Schadensersatzanspruch der A richtet sich hier nach § 823 BGB. Vor Ort kann der gerichtliche Schutz durch das zuständige Gericht nicht erlangt werden.

Somit ist gerichtlicher Schutz nicht bzw. nicht rechtzeitig zu erlangen.

Die Verwirklichung des Rechts dürfte ohne polizeiliches Einschreiten vereitelt oder wesentlich erschwert werden.

Das bedeutet eine Besserstellung des Schadenverursachers im Rahmen des Schadenersatzanspruches bzw. ein Unmöglichmachen des Schadenersatzanspruches durch die Geschädigte.

Ohne die Personalien des R kann A den gerichtlichen Schutz, hier Geltendmachung der Reinigungskosten der Hose, auch im Nachgang nicht in Anspruch nehmen.

Somit ist die Verwirklichung des Rechts ohne polizeiliches Einschreiten vereitelt oder wesentlich erschwert.

Der Vorfall müsste sich im Aufgabenbereich der Bundespolizei ereignen.

Das sind alle präventiven Aufgaben gem. der §§ 1 bis 7 BPolG.

Der Vorfall ereignet sich im ICE, also im Bereich der bahnpolizeilichen Aufgabenwahrnehmung gem. § 3 Abs. 1 Nr. 1 BPolG. A und R sind Benutzer der Bahn. Die Gefahr besteht für die A als Benutzerin der Bahn. Im Vordergrund steht hier jedoch die Aufgabenwahrnehmung zum Schutz privater Rechte gem. § 1 Abs. 4 BPolG. Somit ist eine Aufgabe der BPOL betroffen. Der Vorfall ereignet sich im Aufgabenbereich der Bundespolizei.

Somit sind die Voraussetzungen für eine Identitätsfeststellung gem. § 23 Abs. 1 Nr. 5, Abs. 3 BPolG gegeben.

3.2 Adressat

Die Maßnahme müsste sich gegen den richtigen Adressaten richten.

Adressat der Norm ist die Person, die der Maßnahme unterzogen wird. Eine Gefahr geht nicht von der Person aus. R ist somit Normadressat gem. § 20 Abs. 2 i. V. m. § 23 Abs. 1 Nr. 5 BPolG und damit richtiger Adressat der Maßnahme.

3.3 Allgemeine Rechtmäßigkeitsvoraussetzungen/Verhältnismäßigkeit

Die Maßnahme müsste verhältnismäßig sein.

Das ist sie, wenn sie geeignet, erforderlich und angemessen ist.

Die Maßnahme müsste geeignet sein.

Die Maßnahme ist geeignet, wenn sie objektiv zwecktauglich ist, das polizeiliche Ziel zu erreichen.

Polizeiliches Ziel hier ist es, R aus der Anonymität herauszuholen, damit A ihren Schadensersatzanspruch gegenüber R geltend machen kann. Durch die Maßnahme wird R entanonymisiert. Die Identitätsfeststellung ist also objektiv zwecktauglich, das polizeiliche Ziel zu erreichen. Somit ist die Maßnahme geeignet.

Weiterhin müsste die Maßnahme auch erforderlich sein.

Erforderlich ist die Maßnahme, wenn sie von mehreren möglichen und geeigneten Maßnahmen diejenige ist, die den Einzelnen und die Allgemeinheit voraussichtlich am wenigsten beeinträchtigt (§ 15 Abs. 1 BPolG).

Eine mildere Maßnahme, die Personalien des R festzustellen, ist nicht ersichtlich. Die Maßnahme ist somit auch erforderlich.

Schließlich müsste die Maßnahme auch angemessen sein.

Angemessen ist eine Maßnahme, wenn sie zu dem angestrebten Erfolg nicht erkennbar außer Verhältnis steht. Eine Rechtsgüterabwägung hat zu erfolgen (§ 15 Abs. 2 BPolG).

R wird in seinem Recht auf informelle Selbstbestimmung gem. Art. 2 Abs. 1 i. V. m. Art. 1 Abs. 1 GG, kurzzeitig im Recht auf allgemeine Handlungsfreiheit gem. Art. 2 Abs. 1 GG und im Recht auf Fortbewegungsfreiheit als Freiheitsbeschränkung gem. Art. 2 Abs. 2 Satz 2 i. V. m. Art. 104 Abs. 1 GG eingeschränkt.

Demgegenüber steht das Recht der A auf Schadensersatz gem. § 823 BGB. Das zu schützende Rechtsgut überwiegt in der Wertigkeit. R hat den Schaden verursacht. Die Maßnahme ist für R nur von kurzer Dauer, geringer Intensität und ohne Schaden für den Betroffenen. Somit ist die Maßnahme auch angemessen.

Die Identitätsfeststellung ist im Ergebnis verhältnismäßig.

3.4 Besondere gesetzliche Pflichten/Formvorschriften

Allgemein:

- Bekanntgabe der Maßnahme (§ 41 VwVfG)
- Begründung (§ 39 VwVfG)
- Inhaltlich hinreichend bestimmt (§ 37 VwVfG)
- Rechtsbehelfsbelehrung auf Verlangen

Speziell:

- IDF beim Betroffenen durchführen (§ 21 Abs. 3 BPolG)
- IDF hat offen zu erfolgen (§ 21 Abs. 3 BPolG)

3.5 Feststellung der Rechtmäßigkeit der Maßnahme

Somit ist die Identitätsfeststellung des R gem. § 23 Abs. 1 Nr. 5, Abs. 3 BPolG insgesamt rechtmäßig.

2.5 Fälle zur Platzverweisung

Fall 16: Platzverweisung – § 38 1. Alt. BPolG

Sachverhalt

Sie sind im Rahmen Ihres grenzpolizeilichen Praktikums in der BPOLI Forst in der heutigen Frühschicht eingesetzt und haben zusammen mit PHM Geißler den Auftrag zur Überwachung des 30-km-Bereiches.

Aus der Lage ist Ihnen bekannt, dass es in der Vergangenheit vermehrt zu Schleusungsdelikten im Zuständigkeitsbereich der BPOLI Forst gekommen ist.

Dazu wurde insbesondere eine Bushaltestelle in der Ortslage Briesnig als Treffpunkt/Umsteigeplatz genutzt, um die geschleusten Personen mit Lieferwagen in das Landesinnere zu verbringen. In unmittelbarer Nähe der Bushaltestelle befindet sich eine Tankstelle.

Die Tankstelle hat heute geöffnet und ein Mitarbeiter befindet sich an der Kasse. Sie entschließen sich zur Befragung. Der Mitarbeiter kann Ihnen gegenüber sachdienliche Angaben machen. Er geht mit Ihnen zur Bushaltestelle und erklärt Ihnen, was er dort beobachtet hat.

An der Bushaltestelle sitzen jedoch zwei offensichtlich angetrunkene Jugendliche im Wartehäuschen. Ihre Befragung des Mitarbeiters vor Ort ist nur erschwert möglich, denn die beiden Jugendlichen rufen mehrfach lautstark dazwischen: *„Das ist unsere Bushaltestelle! Verschwindet von hier!"* und nehmen eine drohende Haltung Ihnen gegenüber ein.

Eine Aufforderung Ihrerseits gegenüber den beiden Jugendlichen, sich ruhig und geduldig zu verhalten, wird missachtet.

Aufgabe

Prüfen Sie die Rechtmäßigkeit der Maßnahme, die Sie nun gegen die beiden Jugendlichen treffen (Ziffer 1 bis 3.5 des Prüfschemas)!

Lösungsvorschlag

1 Entscheidung

1.1 Entscheidung zu präventivem oder repressivem Handeln

Es ist eine Entscheidung zu präventivem oder repressivem Handeln zu treffen.

Ein Mitarbeiter der Tankstelle wird polizeilich zu Schleusungsdelikten im Grenzgebiet an einer Bushaltestelle befragt. Dabei stören zwei offensichtlich angetrunkene Personen die Maßnahme.

Bisher ist noch kein Schaden eingetreten. Doch ohne polizeiliches Handeln ist eine weitere Befragung des Mitarbeiters der Tankstelle nicht möglich. Betroffenes Rechtsgut wäre das ungestörte Funktionieren staatlicher Einrichtungen, hier die Bundespolizei (mit ihren Beamten), das bei der Vornahme einer präventiv polizeilichen Maßnahme beeinträchtigt wird.

Es handelt sich also um eine anhaltende (ggf. bevorstehende) Rechtsgutverletzung für die öffentliche Sicherheit, die präventives Tätigwerden erfordert.

1.2 Benennung der zu treffenden Maßnahme

Bei der nun zu treffenden Maßnahme könnte es sich um einen Platzverweis gegenüber den beiden Jugendlichen gem. § 38 1. Alt. BPolG handeln.

2 Zuständigkeit

2.1 Sachliche Zuständigkeit

Die sachliche Zuständigkeit ergibt sich aus § 1 Abs. 2, 3, § 58 Abs. 1 BPolG i. V. m. § 1 Abs. 1 BPolZV.

2.2 Örtliche Zuständigkeit

Die örtliche Zuständigkeit ergibt sich aus § 58 Abs. 1 BPolG i. V. m. § 2 Abs. 2 Nr. 4 BPolZV.

3 Eingriff

3.1 Befugnisnorm

Als gesetzliche Voraussetzung des § 38 1. Alt. BPolG müsste zunächst eine <u>konkrete Gefahr</u> i. S. d. § 14 Abs. 2 Satz 1 BPolG vorliegen.

Das ist eine im Einzelfall bestehende Gefahr für die öffentliche Sicherheit oder Ordnung im Aufgabenbereich der Bundespolizei.

Es müsste eine im <u>Einzelfall bestehende Gefahr</u> vorliegen.

Die im Einzelfall bestehende Gefahr ist die hinreichende Wahrscheinlichkeit eines/r Schadenseintritts/-vertiefung an einem Rechtsgut in absehbarer Zeit.

Hier droht die Befragung des Tankstellenmitarbeiters gestört zu werden. Die beiden Jugendlichen rufen während der Maßnahme dazwischen und nehmen eine drohende Haltung ein. Sie sind alkoholisiert und ihre Hemmschwelle scheint heruntergesetzt zu sein. Dadurch ist es mindestens hinreichend wahrscheinlich, dass bei ungehindertem Ablauf die Befragung durch die Bundespolizei auch weiterhin gestört wird. Somit liegt eine im Einzelfall bestehende Gefahr vor.

Diese Gefahr müsste für die öffentliche Sicherheit oder Ordnung bestehen.

Unter der öffentlichen Sicherheit versteht man den Schutz der Allgemeinheit und des Einzelnen vor Schäden, die dem Bestand und der Funktionsfähigkeit des Staates und seiner Einrichtungen, den Individual- und Universalrechtsgütern, der gesamten Rechtsordnung drohen.

Die beiden Jugendlichen stören durch ihr Verhalten mindestens die öffentliche Ordnung. Sie beeinträchtigen die Befragung gem. § 22 Abs. 1 BPolG. Daher ist das Universalrechtsgut auf ungestörtes Funktionieren staatlicher Einrichtungen (Bundespolizei/PVB) betroffen. Es ist nicht auszuschließen, dass bei ungehindertem Ablauf der Dinge auch Straftatbestände gegenüber den PVB und dem Tankstellenmitarbeiter erfüllt werden, da die Jugendlichen bereits eine drohende Haltung gegenüber den PVB einnehmen. Dann wäre auch die objektive Rechtsordnung betroffen. Somit liegt eine Gefahr für die öffentliche Sicherheit/Ordnung vor.

Der Vorfall müsste sich im Aufgabenbereich der Bundespolizei ereignen.

Das sind alle präventiven Aufgaben gem. der §§ 1 bis 7 BPolG.

Hier befinden wir uns mit der Befragung bei der Wahrnehmung grenzpolizeilicher Aufgaben gem. § 2 Abs. 2 Nr. 3 BPolG, also in unserem Aufgabenbereich. Im Vordergrund steht jedoch die Eigensicherung der PVB gem. § 1 Abs. 3 BPolG während der Maßnahme Befragung gem. § 22 Abs. 1 BPolG. Eine präventive Aufgabe der Bundespolizei ist also betroffen. Somit ereignet sich der Vorfall im Aufgabenbereich der Bundespolizei.

Eine konkrete Gefahr liegt im Ergebnis vor. Somit sind die Voraussetzungen für eine Platzverweisung gem. § 38 1. Alt. BPolG gegeben.

3.2 Adressat

Die Maßnahme müsste sich gegen den richtigen Adressaten richten.

Die beiden Männer verursachen durch ihr Verhalten die oben geprüfte Gefahr. Sie sind somit als Verhaltensverantwortliche gem. § 17 Abs. 1 BPolG richtige Adressaten der polizeilichen Maßnahme.

3.3 Allgemeine Rechtmäßigkeitsvoraussetzungen/Verhältnismäßigkeit

Die Maßnahme müsste verhältnismäßig sein.

Das ist sie, wenn sie geeignet, erforderlich und angemessen ist.

Die Maßnahme müsste geeignet sein.

Die Maßnahme ist geeignet, wenn sie objektiv zwecktauglich ist, das polizeiliche Ziel zu erreichen.

Polizeiliches Ziel ist es hier, ungehindert die Befragung des Tankstellenmitarbeiters durchführen zu können. Mit einem Platzverweis müssten die beiden Jugendlichen den Bereich der Bushaltestelle verlassen und die Befragung könnte ungestört und ohne Gefährdung der eingesetzten PVB fortgeführt werden. Der Platzverweis als Maßnahme ist objektiv zwecktauglich, dieses Ziel zu erreichen. Somit ist die Maßnahme geeignet.

Weiterhin müsste die Maßnahme auch erforderlich sein.

Erforderlich ist die Maßnahme, wenn sie von mehreren möglichen und geeigneten Maßnahmen diejenige ist, die den Einzelnen und die Allgemeinheit voraussichtlich am wenigsten beeinträchtigt (§ 15 Abs. 1 BPolG).

Eine Aufforderung an die beiden Jugendlichen, sich ruhig zu verhalten, wäre eine mildere Maßnahme gem. § 14 Abs. 1 BPolG. Die Aufforderung wurde bereits ausgesprochen, jedoch durch die beiden Jugendlichen missachtet.

Weiterhin wäre eine Identitätsfeststellung gem. § 23 Abs. 1 Nr. 1 BPolG zur Entanonymisierung und als Abschreckungseffekt denkbar. Das polizeiliche Ziel, eine ungestörte Befragung des Tankstellenmitarbeiters, wäre dadurch aber nicht zwingend gewährleistet. Die Polizei braucht sich nicht auf unsichere Maßnahmen einzulassen. Der Platzverweis ist die einzige mögliche geeignete Maßnahme, das polizeiliche Ziel zu erreichen. Somit ist der Platzverweis auch erforderlich.

Schließlich müsste die Maßnahme auch angemessen sein.

Angemessen ist eine Maßnahme, wenn sie zu dem angestrebten Erfolg nicht erkennbar außer Verhältnis steht. Eine Rechtsgüterabwägung hat zu erfolgen (§ 15 Abs. 2 BPolG).

Die Aufforderung, den Bereich der Bushaltestelle zu verlassen, greift in das Grundrecht auf allgemeine Handlungsfreiheit gem. Art. 2 Abs. 1 GG und in die Freiheit der Person gem. Art. 2 Abs. 2 Satz 2 i. V. m. Art. 104 Abs. 1 GG, hier als Freiheitsbeschränkung, der beiden Jugendlichen ein.

Demgegenüber steht das Recht auf öffentliche Ordnung sowie das Recht auf ungestörtes Funktionieren staatlicher Einrichtungen (Bundespolizei/PVB) und ggf. die körperliche Unversehrtheit/Gesundheit der PVB und des Tankstellenmitarbeiters gem. Art. 2 Abs. 2 Satz 1 GG im Falle der Verwirklichung von Straftaten und Ordnungswidrigkeiten. Die zu schützenden Rechtsgüter überwiegen in Anzahl und Wertigkeit. Das Funktionieren staatlicher Einrichtungen ist Bestandteil des Rechtsstaatssystems und im Interesse der Bevölkerung. Zudem ist der Eingriff nur von geringer Intensität, da es den beiden Jugendlichen freisteht, jeden anderen Ort als die Bushaltestelle aufzusuchen, und nur von kurzer Dauer (hier für die Dauer der Befragung). Konkrete Reiseabsichten sind derzeit nicht erkennbar. Die Maßnahme verursacht keine Schäden für die Betroffenen. Somit ist die Maßnahme auch angemessen.

Der Platzverweis ist im Ergebnis verhältnismäßig.

3.4 Besondere gesetzliche Pflichten/Formvorschriften

- Bekanntgabe der Maßnahme (§ 41 VwVfG)
- Begründung (§ 39 VwVfG)
- Inhaltlich hinreichend bestimmt (§ 37 VwVfG)
- Rechtsbehelfsbelehrung auf Verlangen

3.5 Feststellung der Rechtmäßigkeit der Maßnahme

Somit ist der Platzverweis gegenüber den beiden Jugendlichen gem. § 38 1. Alt. BPolG insgesamt rechtmäßig.

Fall 17: Platzverweisung – § 38 1. Alt. BPolG

Sachverhalt

Sie absolvieren Ihr verbandspolizeiliches Praktikum in der Bundespolizeiabteilung Ratzeburg. Am heutigen Tage findet ein Fußball-Länderspiel zwischen Deutschland und England in Hamburg statt. In der Vergangenheit kam es bei diesen Länderspielbegegnungen immer wieder zu gewalttätigen Auseinandersetzungen zwischen den Fangruppen. Mit Ihrer Einsatzgruppe sind Sie heute in Hamburg zur Unterstützung der dortigen BPOLI eingesetzt.

Aufgrund der erhöhten Gefährdungslage hat die BPOLD Hannover für den Spieltag in ihrem Zuständigkeitsbereich die Hamburger Bahnhöfe Altona, Harburg, Dammtor und Hauptbahnhof in der Zeit von 10.00 Uhr bis 20.00 Uhr zu gefährdeten Objekten i. S. d. § 23 Abs. 1 Nr. 4 BPolG erklärt.

Sie sollen heute mit PHM Reiher und den anderen Angehörigen der Einsatzgruppe in der Spätschicht die Anreisephase der Fußballfans im Bereich des Hamburger Hauptbahnhofes überwachen.

Im Bereich der Wandelhalle kommt Ihnen um 13.00 Uhr der leicht alkoholisierte Fußballfan (F) der deutschen Mannschaft entgegen, der laut grölend die englischen Fans provoziert. Eine Eintrittskarte für das Spiel besitzt F nicht. Reiseabsichten hat F ebenfalls nicht.

Von Ihnen ausgesprochene Unterlassungsverfügungen wurde bisher durch F nicht beachtet. Eine durchgeführte Feststellung der Identität des F erzielte nicht die gewünschte abschreckende Wirkung.

Aufgabe

Prüfen Sie die Rechtmäßigkeit der Maßnahme, die Sie nun gegen den Fußballfan F treffen (Ziffer 1 bis 3.5 des Prüfschemas)!

Lösungsvorschlag

1 Entscheidung

1.1 Entscheidung zu präventivem oder repressivem Handeln

Die Entscheidung zu präventivem oder repressivem Handeln ist zu treffen.

Im Bereich der Wandelhalle provoziert F wiederholt verbal die englischen Fans.

Ein Schaden ist bisher noch nicht eingetreten. Doch ohne polizeiliches Handeln stehen Beleidigungen gem. § 185 StGB, Beteiligung an einer Schlägerei gem. § 231 StGB und gegenseitige Körperverletzungen gem. §§ 223 ff. StGB unmittelbar bevor.

Es wären Rechtsgüter der öffentlichen Sicherheit betroffen, die objektive Rechtsordnung sowie das Recht auf körperliche Unversehrtheit/Gesundheit, die Ehre der anreisenden Fans und der anderen unbeteiligten Reisenden im Bahnhof sowie die Sicherheit des Bahnverkehrs. Es handelt sich hier um eine bevorstehende Rechtsgutverletzung als Gefahr für die öffentliche Sicherheit, die präventives Tätigwerden erfordert.

1.2 Benennung der zu treffenden Maßnahme

Bei der nun zu treffenden Maßnahme könnte es sich um einen Platzverweis gegenüber F gem. § 38 1. Alt BPolG handeln.

2 Zuständigkeit

2.1 Sachliche Zuständigkeit

Die sachliche Zuständigkeit ergibt sich aus § 1 Abs. 2, § 3 Abs. 1 Nr. 1, § 58 Abs. 1 BPolG i. V. m. § 1 Abs. 1 BPolZV.

2.2 Örtliche Zuständigkeit

Die örtliche Zuständigkeit ergibt sich aus § 58 Abs. 1 BPolG i. V. m. § 2 Abs. 1 Nr. 2 BPolZV.

3 Eingriff

3.1 Befugnisnorm

Als gesetzliche Voraussetzung des § 38 1. Alt BPolG müsste eine <u>konkrete Gefahr</u> i. S. d. § 14 Abs. 2 Satz 1 BPolG vorliegen.

Das ist eine im Einzelfall bestehende Gefahr für die öffentliche Sicherheit oder Ordnung im Aufgabenbereich der Bundespolizei.

Es müsste eine im <u>Einzelfall bestehende Gefahr</u> vorliegen.

Die im Einzelfall bestehende Gefahr ist die hinreichende Wahrscheinlichkeit eines/r Schadenseintritts/-vertiefung an einem Rechtsgut in absehbarer Zeit.

F provoziert wiederholt die Fans der englischen Mannschaft. Seine Äußerungen sind ernst zu nehmen, da er sich bisher nicht durch polizeiliche

Maßnahmen davon abschrecken ließ. Es ist hinreichend wahrscheinlich, dass die Situation vor Ort eskaliert. Somit liegt eine im Einzelfall bestehende Gefahr vor.

Diese Gefahr müsste für die öffentliche Sicherheit oder Ordnung bestehen.

Unter der öffentlichen Sicherheit versteht man den Schutz der Allgemeinheit und des Einzelnen vor Schäden, die dem Bestand und der Funktionsfähigkeit des Staates und seinen Einrichtungen, den Individual- und Universalrechtsgütern, der gesamten Rechtsordnung drohen.

F stört durch sein Verhalten mindestens die öffentliche Ordnung. Das Universalrechtsgut Sicherheit des Bahnverkehrs ist beeinträchtigt. Es ist nicht auszuschließen, dass bei ungehindertem Ablauf der Dinge auch Straftatbestände oder Ordnungswidrigkeiten gegenüber den Fans der englischen Mannschaft und der anderen unbeteiligten Reisenden im Bahnhof erfüllt werden, da F mehrfach und wiederholt provoziert. Dann wäre auch die objektive Rechtsordnung betroffen. Somit liegt eine Gefahr für die öffentliche Sicherheit/Ordnung vor.

Der Vorfall müsste sich im Aufgabenbereich der Bundespolizei ereignen.

Das sind alle präventiven Aufgaben gem. der §§ 1 bis 7 BPolG.

Hier befinden wir uns bei der Wahrnehmung bahnpolizeilicher Aufgaben gem. § 3 Abs. 1 Nr. 1 BPolG. Dazu gehört die Abwehr von Gefahren, die den Benutzern der Bahn drohen. Die anreisenden Fans der englischen Mannschaft und die anderen unbeteiligten Reisenden im Bahnhof sind in diesem Fall Benutzer der Bahn. Eine präventive Aufgabe der Bundespolizei ist also betroffen. Somit ereignet sich der Vorfall im Aufgabenbereich der Bundespolizei.

Eine konkrete Gefahr liegt im Ergebnis vor.

Somit sind die Voraussetzungen für eine Platzverweisung gem. § 38 1. Alt. BPolG gegeben.

3.2 Adressat

Die Maßnahme müsste sich gegen den richtigen Adressaten richten.

Der F verursacht durch sein Verhalten die Gefahr und ist somit als Verhaltensverantwortlicher gem. § 17 Abs. 1 BPolG richtiger Adressat der polizeilichen Maßnahme.

3.3 Allgemeine Rechtmäßigkeitsvoraussetzungen/Verhältnismäßigkeit

Die Maßnahme müsste verhältnismäßig sein.

Das ist sie, wenn sie geeignet, erforderlich und angemessen ist.

Die Maßnahme müsste geeignet sein.

Die Maßnahme ist geeignet, wenn sie objektiv zwecktauglich ist, das polizeiliche Ziel zu erreichen.

Polizeiliches Ziel ist es, die anreisenden Fans der englischen Mannschaft und die anderen unbeteiligten Reisenden im Bahnhof zu schützen. Der Platzverweis ist objektiv zwecktauglich, das Ziel zu erreichen, da F seine Provokationen dann nicht mehr fortsetzen kann. Somit ist die Maßnahme geeignet.

Weiterhin müsste die Maßnahme auch erforderlich sein.

Erforderlich ist eine Maßnahme, wenn sie von mehreren möglichen und geeigneten Maßnahmen diejenige ist, die den Einzelnen und die Allgemeinheit am wenigsten beeinträchtigt (§ 15 Abs. 1 BPolG).

Die milderen Maßnahmen gem. § 14 Abs. 1 und § 23 Abs. 1 BPolG wurden bereits getroffen, führten aber nicht zum gewünschten Erfolg. Weitere geeignete, mildere Maßnahmen sind nicht ersichtlich. Somit ist die Maßnahme auch erforderlich.

Schließlich müsste die Maßnahme auch angemessen sein.

Angemessen ist eine Maßnahme, wenn sie zu dem angestrebten Erfolg nicht erkennbar außer Verhältnis steht. Eine Rechtsgüterabwägung hat zu erfolgen (§ 15 Abs. 2 BPolG).

Die Aufforderung, den Bahnhof zu verlassen, greift in das Grundrecht auf allgemeine Handlungsfreiheit gem. Art. 2 Abs. 1 GG und in die Fortbewegungsfreiheit, als Freiheitsbeschränkung, gem. Art. 2 Abs. 2 Satz 2 i. V. m. Art. 104 Abs. 1 GG des F ein.

Demgegenüber stehen u. a. das Recht auf körperliche Unversehrtheit/Gesundheit und Leben gem. Art. 2 Abs. 2 Satz 1 GG sowie Ehre gem. Art. 2 Abs. 1 i. V. m. Art. 1 Abs. 1 GG der englischen Fußballfans und der anderen unbeteiligten Reisenden im Bahnhof sowie die Sicherheit des Bahnverkehrs.

Die zu schützenden Rechtsgüter überwiegen in Anzahl und Wertigkeit. Zudem ist der Eingriff nur von geringer Intensität, da es F freisteht, jeden anderen Ort aufzusuchen. Die Maßnahme ist nur von kurzer Dauer (bis zum Ende des Spiels und der dazugehörigen Rückreisephase). Reiseabsichten hat der F keine. Somit ist die Maßnahme auch angemessen.

Der Platzverweis ist im Ergebnis verhältnismäßig.

3.4 Besondere gesetzliche Pflichten/Formvorschriften

- Bekanntgabe der Maßnahme (§ 41 VwVfG)
- Begründung (§ 39 VwVfG)
- Inhaltlich hinreichend bestimmt (§ 37 VwVfG)
- Rechtsbehelfsbelehrung auf Verlangen

3.5 Feststellung der Rechtmäßigkeit der Maßnahme

Somit ist der Platzverweis gegenüber F gem. § 38 1. Alt. BPolG insgesamt rechtmäßig.

Fall 18: Platzverweisung (Betretensverbot) – § 38 2. Alt. BPolG

Sachverhalt

Sie absolvieren Ihr Praktikum in der BPOLI Hamburg Flughafen.

Sie sind als Luftsicherheitsstreife zusammen mit PHM Franz im Bereich des Terminals 1 eingesetzt. Sie erhalten folgende Informationen über Funk von Ihrem Gruppenleiter:

„Im Terminal 1, auf Höhe der Fahrstühle, befindet sich ein herrenloser Rucksack. Ein möglicher Besitzer konnte bisher nicht ermittelt werden. Vor fünf Minuten ist eine Bombendrohung in der Dienststelle eingegangen. Die Drohung wird als ernst eingestuft."

Im Nahbereich des Rucksacks befinden sich noch etwa 20 Reisende. Eine Befragung dieser Personen verlief negativ. Ein Besitzer des Rucksacks konnte nicht ausfindig gemacht werden. Daher erteilen Sie den 20 Reisenden einen Platzverweis und sperren den Bereich um den Rucksack mittels Absperrband ab.

Plötzlich erscheint der Reisende (R), der die Fahrstühle nutzen möchte und dazu Ihren abgesperrten Bereich betreten will. Eine Befragung Ihrerseits, ob der Rucksack ihm gehöre, verläuft negativ. R möchte dennoch den abgesperrten Bereich passieren.

Aufgabe

Prüfen Sie die Rechtmäßigkeit der Maßnahme, die Sie nun vordringlich gegen den Reisenden R treffen (Ziffer 1 bis 3.5 des Prüfungsschemas)!

Lösungsvorschlag

1 Entscheidung

1.1 Entscheidung zu präventivem oder repressivem Handeln

Die Entscheidung zu präventivem oder repressivem Handeln ist zu treffen.

Für den Flughafen Hamburg ist eine Bombendrohung eingegangen. Im Terminal 1 befindet sich ein herrenloser Rucksack. Es ist nicht auszuschließen, dass es sich dabei um eine Spreng-/Brandvorrichtung handelt.

Noch ist kein Schaden eingetreten. Doch ohne polizeiliches Einschreiten droht bei einer möglichen Explosion ein gesundheitlicher Schaden für R, wenn R sich in Reichweite des Rucksacks aufhalten würde. Es wären Rechtsgüter der öffentlichen Sicherheit betroffen, hier die objektive Rechtsordnung sowie die Individualrechtsgüter Leben, körperliche Unversehrtheit/Gesundheit des R.

Es handelt sich um eine bevorstehende Rechtsgutverletzung als Gefahr für die öffentliche Sicherheit. Deshalb ist präventives Einschreiten erforderlich.

1.2 Benennung der zu treffenden Maßnahme

Bei der nun zu treffenden Maßnahme könnte es sich um einen Platzverweis gegenüber R gem. § 38 2. Alt BPolG (Betretensverbot) handeln.

2 Zuständigkeit

2.1 Sachliche Zuständigkeit

Die sachliche Zuständigkeit ergibt sich aus § 1 Abs. 2, § 4 BPolG i. V. m. § 16 LuftSiG, § 58 Abs. 1 BPolG i. V. m. § 1 Abs. 1 BPolZV.

2.2 Örtliche Zuständigkeit

Die örtliche Zuständigkeit ergibt sich aus § 58 Abs. 1 BPolG i. V. m. § 2 Abs. 1 Nr. 2 BPolZV.

3 Eingriff

3.1 Befugnisnorm

Als gesetzliche Voraussetzung des § 38 2. Alt. BPolG müsste zunächst eine konkrete Gefahr i. S. d. § 14 Abs. 2 Satz 1 BPolG vorliegen.

Das ist eine im Einzelfall bestehende Gefahr für die öffentliche Sicherheit oder Ordnung im Aufgabenbereich der Bundespolizei.

Es müsste eine im Einzelfall bestehende Gefahr vorliegen.

Die im Einzelfall bestehende Gefahr ist die hinreichende Wahrscheinlichkeit eines/r Schadenseintritts/-vertiefung an einem Rechtsgut in absehbarer Zeit.

Hier droht der Rucksack im Nahbereich der Fahrstühle zu explodieren. Es konnte bisher kein Besitzer für das Gepäckstück ausfindig gemacht werden. Durch eine zeitgleich eingehende Bombendrohung muss davon ausgegangen werden, dass sich im Rucksack Spreng- oder Brandvorrichtungen befinden. Dadurch ist es mindestens hinreichend wahrscheinlich, dass bei ungehindertem Ablauf der R in absehbarer Zeit durch die Explosion des Gepäckstücks schwere gesundheitliche Schäden erleidet, sollte er den abgesperrten Bereich betreten.

Somit liegt eine im Einzelfall bestehende Gefahr vor.

Diese Gefahr müsste für die öffentliche Sicherheit oder Ordnung bestehen.

Unter der öffentlichen Sicherheit versteht man den Schutz der Allgemeinheit und des Einzelnen vor Schäden, die dem Bestand und der Funktionsfähigkeit des Staates und seiner Einrichtungen, den Individual- und Universalrechtsgütern sowie der gesamten Rechtsordnung drohen.

Im Falle einer Explosion des Rucksacks wären die Rechtsgüter Leben, Gesundheit und körperliche Unversehrtheit des R betroffen.

Somit liegt eine Gefahr für die öffentliche Sicherheit vor.

Der Vorfall müsste sich im Aufgabenbereich der Bundespolizei ereignen.

Das sind alle präventiven Aufgaben gem. der §§ 1 bis 7 BPolG.

Wir befinden uns auf dem Flughafen bei der Aufgabenwahrnehmung gem. § 4 BPolG (Luftsicherheit). Hierzu gehört die Abwehr von Gefahren, sog. äußeren Gefahren, deren Ursprung nicht im Luftverkehr selbst liegt, sondern sich von außen auf den Luftverkehr auswirken. Sollte der Rucksack detonieren, würde dies die Luftsicherheit erheblich beeinträchtigen.

Eine präventive Aufgabe der Bundespolizei ist also betroffen. Somit ereignet sich der Vorfall im Aufgabenbereich der Bundespolizei.

Eine konkrete Gefahr liegt insgesamt vor.

Somit sind die Voraussetzungen für eine Platzverweisung gem. § 38 2. Alt. BPolG gegeben.

3.2 Adressat

Die Maßnahme müsste sich gegen den richtigen Adressaten richten.

Der R hat die oben geprüfte Gefahr hinsichtlich des Rucksacks nicht verursacht. Da R aber den abgesperrten Bereich betreten und der Maßnahme der Bundespolizei nicht Folge leisten will, verursacht R seinerseits eine Gefahr und ist somit als Verhaltensverantwortlicher gem. § 17 Abs. 1 BPolG richtiger Adressat der polizeilichen Maßnahme.

3.3 Allgemeine Rechtmäßigkeitsvoraussetzungen/Verhältnismäßigkeit

Die Maßnahme müsste verhältnismäßig sein.

Das ist sie, wenn sie geeignet, erforderlich und angemessen ist.

Die Maßnahme müsste geeignet sein.

Die Maßnahme ist geeignet, wenn sie objektiv zwecktauglich ist, das polizeiliche Ziel zu erreichen.

Polizeiliches Ziel ist es hier zu verhindern, dass R den abgesperrten Bereich um den Rucksack betritt, um ihn so vor einer etwaigen Detonation zu schützen. Der Platzverweis als Maßnahme ist objektiv zwecktauglich, dieses Ziel zu erreichen, sodass die Auswirkung einer möglichen Explosion ihn nicht mehr schädigen kann.

Somit ist die Maßnahme geeignet.

Weiterhin müsste die Maßnahme auch erforderlich sein.

Erforderlich ist die Maßnahme, wenn sie von mehreren möglichen und geeigneten Maßnahmen diejenige ist, die den Einzelnen und die Allgemeinheit voraussichtlich am wenigsten beeinträchtigt (§ 15 Abs. 1 BPolG).

Eine durchgeführte Befragung gem. § 22 Abs. 1 BPolG des R wäre eine mildere Maßnahme, um die Frage des Besitzes des Rucksacks zu klären. Diese wurde bereits durchgeführt, verlief jedoch negativ. Somit ist der Platzverweis die einzige mögliche und geeignete Maßnahme. Somit ist die Maßnahme auch erforderlich.

Schließlich müsste die Maßnahme auch angemessen sein.

Angemessen ist eine Maßnahme, wenn sie zu dem angestrebten Erfolg nicht erkennbar außer Verhältnis steht. Eine Rechtsgüterabwägung hat zu erfolgen (§ 15 Abs. 2 BPolG).

Die Aufforderung, den Gefahrenbereich zu verlassen, greift in das Grundrecht auf allgemeine Handlungsfreiheit gem. Art. 2 Abs. 1 GG und in die Fortbewegungsfreiheit, als Freiheitsbeschränkung, gem. Art. 2 Abs. 2 Satz 2 i. V. m. Art. 104 Abs. 1 GG des R ein.

Demgegenüber steht das Recht auf körperliche Unversehrtheit/Gesundheit und Leben gem. Art. 2 Abs. 2 Satz 1 GG des R sowie auf Sicherheit des Luftverkehrs i. w. S. Die zu schützenden Rechtsgüter überwiegen in Anzahl und Wertigkeit und sind im Interesse des R. Zudem ist der Eingriff nur von geringer Intensität, da es ihm freisteht, jeden anderen Ort aufzusuchen und andere Fahrstühle bzw. Treppen im Flughafen zu nutzen. Die Maßnahme ist nur von kurzer Dauer (bis zur Klärung des Sachverhaltes/Entschärfung). Weiterhin dient die Maßnahme dem Schutz seiner Person. Somit ist die Maßnahme auch angemessen.

Der Platzverweis ist im Ergebnis verhältnismäßig.

3.4 Besondere gesetzliche Pflichten/Formvorschriften

- Bekanntgabe der Maßnahme (§ 41 VwVfG)
- Begründung (§ 39 VwVfG)

- Inhaltlich hinreichend bestimmt (§ 37 VwVfG)
- Rechtsbehelfsbelehrung auf Verlangen

3.5 Feststellung der Rechtmäßigkeit der Maßnahme

Somit ist der Platzverweis gegenüber R gem. § 38 2. Alt. BPolG insgesamt rechtmäßig.

2.6 Fälle zur Gewahrsamnahme

Fall 19: Schutzgewahrsam – § 39 Abs. 1 Nr. 1 BPolG

Sachverhalt

Sie absolvieren Ihr bahnpolizeiliches Praktikum in der BPOLI Hamburg und sind als Streife mit PHM Beier zur Überwachung des Hamburger Hauptbahnhofes eingesetzt.

Aus der Lageeinweisung ist Ihnen bekannt, dass aktuell nach einer suizidgefährdeten Frau (F) gefahndet wird, die von ihrer Familie als vermisst gemeldet wurde.

Während Ihres Streifenganges sehen Sie auf Bahnsteig 1 eine Frau, auf die augenscheinlich die Personenbeschreibung passt. Die Frau steigt soeben aus einem eingefahrenen Regionalexpress aus und geht zum Ende des Bahnsteigs. Sie hält sich in unmittelbarer Nähe zur Bahnsteigkante auf und starrt auf die Gleise.

Sie entschließen sich, die Frau anzusprechen. Diese teilt Ihnen unmissverständlich mit, dass das Leben für sie keinen Sinn mehr macht und sie auf die Einfahrt des nächsten Zuges wartet, um ihr Leben zu beenden.

Nach erfolgter Befragung und Feststellung der Identität der Frau steht fest, dass es sich hier um die vermisste F handelt. F macht auf Sie einen verwirrten und depressiven Eindruck. Ihrer Aufforderungen, von der Bahnsteigkante zurückzutreten und von ihrem Vorhaben abzulassen, kommt sie nicht nach.

Aufgabe

Prüfen Sie die Rechtmäßigkeit der nun gegen F zu treffenden Maßnahme (Ziffer 1.1 bis 3.5 des Prüfschemas)!

Lösungsvorschlag

1 Entscheidung

1.1 Entscheidung zu präventivem oder repressivem Tätigwerden

Die Entscheidung zu präventivem oder repressivem Handeln ist zu treffen. Eine als vermisst gemeldete Frau F befindet sich an der Bahnsteigkante und wartet auf die Einfahrt des nächsten Zuges, um ihr Leben zu beenden.

Für F selbst ist bis zum jetzigen Zeitpunkt noch kein Schaden eingetreten. Doch ohne polizeiliches Einschreiten ist jederzeit mit Zugverkehr zu rechnen. Spätestens zu diesem Zeitpunkt kommt es zu einem Schadenseintritt für die Individualrechtsgüter Leben, körperliche Unversehrtheit/Gesundheit der F sowie möglicherweise im Falle einer Gefahrenbremsung auch für die im Zug befindlichen Reisenden und für das Universalrechtsgut Sicherheit des Bahnverkehrs.

Es handelt sich um eine bevorstehende Rechtsgutverletzung als Gefahr für die öffentliche Sicherheit. Daher ist präventives Handeln erforderlich.

1.2 Benennung der zu treffenden Maßnahme

Bei der nun zu treffenden Maßnahme könnte es sich um eine Gewahrsamnahme der F gem. § 39 Abs. 1 Nr. 1 BPolG (Schutzgewahrsam) handeln.

2 Zuständigkeit

2.1 Sachliche Zuständigkeit

Die sachliche Zuständigkeit ergibt sich aus § 1 Abs. 2, § 3 Abs. 1 Nr. 1, § 58 Abs. 1 BPolG i. V. m. § 1 Abs. 1 BPolZV.

2.2 Örtliche Zuständigkeit

Die örtliche Zuständigkeit ergibt sich aus § 58 Abs. 1 BPolG i. V. m. § 2 Abs. 1 Nr. 2 BPolZV.

3 Eingriff

3.1 Befugnisnorm

Zu prüfen wäre hier, ob die Voraussetzungen des § 39 Abs. 1 Nr. 1 BPolG vorliegen.

Dazu müsste eine konkrete Gefahr für Leib oder Leben im Aufgabenbereich der BPOL vorliegen.

Es müsste sich um eine konkrete Gefahr handeln.

Eine konkrete Gefahr ist eine im Einzelfall bestehende Gefahr. Eine im Einzelfall bestehende Gefahr ist die hinreichende Wahrscheinlichkeit eines/r Schadenseintritts/-vertiefung an einem Rechtsgut in absehbarer Zeit.

F hält sich in unmittelbarer Nähe zur Bahnsteigkante auf und teilt unmissverständlich mit, dass das Leben für sie keinen Sinn mehr macht und sie auf die Einfahrt des nächsten Zuges wartet, um ihr Leben zu beenden.

Somit liegt eine konkrete Gefahr vor.

Diese konkrete Gefahr müsste für Leib oder Leben bestehen.

Eine Gefahr für Leib oder Leben liegt vor bei einer drohenden schweren im Allgemeinen lebensbedrohlichen Beeinträchtigung menschlicher Gesundheit bzw. wenn als Schaden der Eintritt einer nicht ganz unerheblichen Körperverletzung oder gar des Todes droht.

Der o. g. Schadenseintritt würde mit an Sicherheit grenzender Wahrscheinlichkeit zu schwersten Verletzungen bzw. zum Tode der F führen. Somit besteht hier eine konkrete Gefahr für Leib oder Leben.

Zudem müsste sich die Gefahr im Aufgabenbereich der Bundespolizei ereignen.

Zum Aufgabenbereich der BPOL gehören die Aufgaben gem. §§ 1 bis 7 BPolG.

Wir sind im Rahmen der Gefahrenabwehr im bahnpolizeilichen Bereich gem. § 3 Abs. 1 Nr. 1 BPolG tätig. Dazu gehört die Abwehr von Gefahren, die den Benutzern der Bahn drohen. F ist mit dem Zug angereist und stellt eine Benutzerin der Bahn dar. Ebenso handelt es sich bei den Reisenden im Zug, die sich im Falle einer Gefahrenbremsung verletzen könnten, um Benutzer der Bahn. Eine präventive Aufgabe der Bundespolizei ist also betroffen. Somit ereignet sich der Vorfall im Aufgabenbereich der Bundespolizei.

Somit liegt insgesamt eine konkrete Gefahr für Leib oder Leben im Aufgabenbereich der Bundespolizei vor.

Weiterhin müsste die Maßnahme erforderlich zum Schutz der Person sein.

Das ist sie, wenn das polizeiliche Ziel auf andere Weise nicht erreicht werden kann.

F teilt unmissverständlich mit, dass das Leben für sie keinen Sinn mehr macht und sie auf die Einfahrt des nächsten Zuges wartet, um ihr Leben zu beenden.

Dieser Aussage ist zu entnehmen, dass F in ihrem jetzigen Zustand definitiv versuchen wird, ihre suizidalen Absichten umzusetzen. F befindet sich in einer hilflosen Lage, aus der sie sich nicht selbstständig befreien kann. Bis zur Herbeiführung einer richterlichen Entscheidung über den weiteren Verbleib der Person (hier sicherlich die Unterbringung in einer psychiatrischen Klinik) ist somit die Gewahrsamnahme erforderlich.

Somit liegen die Voraussetzungen für eine Gewahrsamnahme gem. § 39 Abs. 1 Nr. 1 BPolG insgesamt vor.

3.2 Adressat

Die Maßnahme richtet sich hier gegen die Person, die durch diese Vorschrift geschützt werden soll. F ist Adressat gem. § 20 Abs. 2 i. V. m. § 39 Abs. 1 Nr. 1 BPolG, sogenannter Normadressat.

3.3 Allgemeine Rechtmäßigkeitsvoraussetzungen/Verhältnismäßigkeit

Die Maßnahme müsste verhältnismäßig sein.

Das ist sie, wenn sie geeignet, erforderlich und angemessen ist.

Die Maßnahme müsste geeignet sein.

Die Maßnahme ist geeignet, wenn sie objektiv zwecktauglich ist, das polizeiliche Ziel zu erreichen.

Polizeiliches Ziel ist es, das Leben und die Gesundheit der F zu schützen. Die Gewahrsamnahme ist objektiv zwecktauglich, das Ziel zu erreichen, da F ihr Vorhaben, sich vor den Zug zu stürzen, nicht in die Tat umsetzen kann. Somit ist die Maßnahme geeignet.

Weiterhin müsste die Maßnahme auch erforderlich sein.

Erforderlich ist eine Maßnahme, wenn sie von mehreren möglichen und geeigneten Maßnahmen diejenige ist, die den Einzelnen und die Allgemeinheit am wenigsten beeinträchtigt (§ 15 Abs. 1 BPolG).

Die bereits getroffenen Maßnahmen IDF nach § 23 Abs. 1 Nr. 1 BPolG, Platzverweis nach § 38 BPolG und Unterlassungsverfügung nach § 14 Abs. 1 BPolG waren ungeeignet, F von ihrem Vorhaben abzubringen. Somit ist die Maßnahme auch erforderlich.

Zudem müsste die Maßnahme auch angemessen sein.

Angemessen ist eine Maßnahme, wenn sie zu dem angestrebten Erfolg nicht erkennbar außer Verhältnis steht. Eine Rechtsgüterabwägung hat zu erfolgen (§ 15 Abs. 2 BPolG).

Durch die Gewahrsamnahme schränken wir die Grundrechte auf allgemeine Handlungsfreiheit gem. Art. 2 Abs. 1 GG und Freiheit der F gem. Art. 2 Abs. 2 Satz 2 i. V. m. Art. 104 Abs. 2 GG als Freiheitsentziehung ein.

Auf der anderen Seite schützen wir Individualrechtsgüter Leib/Leben und körperliche Unversehrtheit/Gesundheit der F und der Personen im Zug im Falle einer Gefahrenbremsung. Eine Freiheitsentziehung zählt unstrittig zu den schwerwiegendsten Grundrechtseingriffen. Sie ist jedoch nur von kurzer Dauer und ohne bleibenden Schaden für die F. In Anbetracht der konkreten Gefahr für das Leben steht sie nicht außer Verhältnis zum angestrebten Zweck. Somit ist die Gewahrsamnahme auch angemessen.

Die Maßnahme ist insgesamt verhältnismäßig.

3.4 Besondere gesetzliche Pflichten/Formvorschriften

Allgemein:

- Bekanntgabe der Maßnahme (§ 41 VwVfG)
- Begründung (§ 39 VwVfG)
- Inhaltlich hinreichend bestimmt (§ 37 VwVfG)
- Rechtsbehelfsbelehrung auf Verlangen

Speziell:

- Rechtsbehelfsbelehrung (Anfechtung gem. § 428 FamFG)
- Unverzügliche richterliche Entscheidung
- Benachrichtigungsrecht einer Person des Vertrauens, es sei denn, der Zweck der Maßnahme wäre dadurch gefährdet
- Benachrichtigungspflicht, wenn Person nicht in der Lage ist und die Benachrichtigung ihrem mutmaßlichen Willen nicht widerspricht
- Getrennte Unterbringung (geschlechtlich und nicht mit Straf- oder Untersuchungsgefangenen)
- Zusätzlich: Prüfung der Gewahrsamsfähigkeit
- Entlassung bei:
  - Wegfall des Grundes
  - aufgrund richterlicher Entscheidung
  - spätestens bis zum Ablauf des folgenden Tages

3.5 Feststellung der Rechtmäßigkeit der Maßnahme

Die Gewahrsamnahme der F gem. § 39 Abs. 1 Nr. 1 BPolG ist insgesamt rechtmäßig.

Fall 20: Durchsetzungsgewahrsam – § 39 Abs. 1 Nr. 2 BPolG

Sachverhalt

Sie absolvieren Ihr bahnpolizeiliches Praktikum in der BPOLI Hamburg.

Am heutigen Tage findet ein Fußball-Länderspiel zwischen Deutschland und England statt. Es werden ca. 10.000 anreisende Fußballfans erwartet. In der Vergangenheit kam es immer wieder zu gewalttätigen Auseinandersetzungen.

Die BPOLD Hannover hat in ihrem Zuständigkeitsbereich in Hamburg die Bahnhöfe Altona, Harburg, Dammtor und Hauptbahnhof für den heutigen Tag in der Zeit von 10.00 Uhr bis 20.00 Uhr zu gefährdeten Objekten i. S. d. § 23 Abs. 1 Nr. 4 BPolG erklärt.

Sie sollen heute mit PHM Beier in der Spätschicht die Anreisephase der Fußballfans im Bereich des Hamburger Hauptbahnhofes überwachen.

Im Bereich der Wandelhalle kommt Ihnen um 14.00 Uhr der leicht alkoholisierte Fußballfan (F) der deutschen Mannschaft entgegen, der laut grölend die englischen Fans provoziert. Eine Eintrittskarte für das Spiel besitzt F nicht. Reiseabsichten hat F ebenfalls nicht.

Die von Ihnen ausgesprochene Unterlassungsverfügung wurde bisher durch F nicht beachtet. Eine durchgeführte Feststellung der Identität des F erzielte nicht die gewünschte abschreckende Wirkung. Dem erteilten Platzverweis leistet F dauerhaft keine Folge, weil er sofort in den Bahnhof zurückkehrt und weiter provoziert.

Aufgabe

Prüfen Sie die Rechtmäßigkeit der Maßnahme, die Sie nun gegen den Fußballfan F treffen (Ziffer 1 bis 3.5 des Prüfschemas)!

Lösungsvorschlag

1 Entscheidung

1.1 Entscheidung zu präventivem oder repressivem Handeln

Die Entscheidung zu präventivem oder repressivem Handeln ist zu treffen.

Im Bereich der Wandelhalle provoziert F wiederholt verbal die englischen Fans.

Ein Schaden ist bisher noch nicht eingetreten. Doch ohne polizeiliches Handeln stehen Beleidigungen gem. § 185 StGB, Beteiligung an einer Schlägerei gem. § 231 StGB und gegenseitige Körperverletzungen gem. §§ 223 ff. StGB unmittelbar bevor.

Es wären Rechtsgüter der öffentlichen Sicherheit betroffen, die objektive Rechtsordnung sowie das Recht auf körperliche Unversehrtheit/Gesundheit, die Ehre der anreisenden Fans sowie die Sicherheit des Bahnverkehrs. Es handelt sich hier um eine bevorstehende Rechtsgutverletzung als Gefahr für die öffentliche Sicherheit. Präventives Handeln ist erforderlich.

1.2 Benennung der zu treffenden Maßnahme

Bei der nun zu treffenden Maßnahme könnte es sich um eine Gewahrsamnahme des F gem. § 39 Abs. 1 Nr. 2 BPolG (Gewahrsam zur Durchsetzung eines Platzverweises) handeln.

2 Zuständigkeit

2.1 Sachliche Zuständigkeit

Die sachliche Zuständigkeit ergibt sich aus § 1 Abs. 2, § 3 Abs. 1 Nr. 1, § 58 Abs. 1 BPolG i. V. m. § 1 Abs. 1 BPolZV.

2.2 Örtliche Zuständigkeit

Die örtliche Zuständigkeit ergibt sich aus § 58 Abs. 1 BPolG i. V. m. § 2 Abs. 1 Nr. 2 BPolZV.

3 Eingriff

3.1 Befugnisnorm

Es müssten die Voraussetzungen des § 39 Abs. 1 Nr. 2 BPolG vorliegen.

Zu prüfen wäre zunächst, ob die Voraussetzungen des Platzverweises gem. § 38 BPolG vorliegen.

Gemäß Sachverhalt wurde bereits ein Platzverweis gegenüber F ausgesprochen. Es ist davon auszugehen, dass dieser rechtmäßig war.

Die Voraussetzungen für einen Platzverweis gem. § 38 BPolG sind somit gegeben.

Weiterhin müsste die Gewahrsamnahme unerlässlich sein.

Das heißt, die Maßnahme ist unbedingt erforderlich und es gibt kein milderes, gleichermaßen geeignetes Mittel.

Erfolgte Mindermaßnahmen (§§ 14, 23, 38 BPolG) führten nicht zum Erfolg. Die Provokationen des F werden fortgesetzt. Der strenge Maßstab an diese Maßnahme wurde beachtet. Weniger einschneidende Maßnahmen greifen nicht. Die Gewahrsamnahme stellt das äußerste polizeiliche Mittel zur Verhinderung von Schäden dar. Die Maßnahme ist somit unerlässlich.

Somit liegen die Voraussetzungen für eine Gewahrsamnahme gem. § 39 Abs. 1 Nr. 2 BPolG insgesamt vor.

3.2 Adressat

Die Maßnahme müsste sich gegen den richtigen Adressaten richten.

F verursacht durch sein Verhalten die oben geprüfte Gefahr. F ist somit als Verhaltensverantwortlicher gem. § 17 Abs. 1 BPolG richtiger Adressat der polizeilichen Maßnahme.

3.3 Allgemeine Rechtmäßigkeitsvoraussetzungen/Verhältnismäßigkeit

Die Maßnahme müsste verhältnismäßig sein.

Das ist sie, wenn sie geeignet, erforderlich und angemessen ist.

Die Maßnahme müsste geeignet sein.

Die Maßnahme ist geeignet, wenn sie objektiv zwecktauglich ist, das polizeiliche Ziel zu erreichen.

Polizeiliches Ziel ist es, die anreisenden Fans der englischen Mannschaft zu schützen. Die Gewahrsamnahme ist objektiv zwecktauglich, das Ziel zu erreichen, da F seine Provokationen dann nicht mehr fortsetzen kann. Somit ist die Maßnahme geeignet.

Weiterhin müsste die Maßnahme auch erforderlich sein.

Erforderlich ist eine Maßnahme, wenn sie von mehreren möglichen und geeigneten Maßnahmen diejenige ist, die den Einzelnen und die Allgemeinheit am wenigsten beeinträchtigt (§ 15 Abs. 1 BPolG).

Die milderen Maßnahmen gem. § 14 Abs. 1, § 23 Abs. 1, § 38 BPolG wurden bereits getroffen, führten aber nicht zum gewünschten Erfolg. Weitere geeignete, mildere Maßnahmen sind nicht ersichtlich. Somit ist die Maßnahme auch erforderlich.

Zudem müsste die Maßnahme auch angemessen sein.

Angemessen ist eine Maßnahme, wenn sie zu dem angestrebten Erfolg nicht erkennbar außer Verhältnis steht. Eine Rechtsgüterabwägung hat zu erfolgen (§ 15 Abs. 2 BPolG).

Durch die Gewahrsamnahme schränken wir die Grundrechte auf allgemeine Handlungsfreiheit gem. Art. 2 Abs. 1 GG und Freiheit des F gem. Art. 2 Abs. 2 Satz 2 i. V. m. Art. 104 Abs. 2 GG als Freiheitsentziehung ein.

Auf der anderen Seite schützen wir Individualrechtsgüter Leben, körperliche Unversehrtheit/Gesundheit und Ehre der anreisenden englischen Fußballfans und des F und die Sicherheit des Bahnverkehrs. Eine Freiheitsentziehung zählt unstrittig zu den schwerwiegendsten Grundrechtseingriffen. Sie ist jedoch nur von kurzer Dauer (Dauer des Fußballspiels mit der dazugehörigen Abreisephase) und ohne bleibenden Schaden für den F. In Anbetracht der konkreten Gefahr steht sie nicht außer Verhältnis zum angestrebten Zweck. Somit ist die Gewahrsamnahme auch angemessen.

Die Maßnahme ist insgesamt verhältnismäßig.

3.4 Besondere gesetzliche Pflichten/Formvorschriften

Allgemein:

- Bekanntgabe der Maßnahme (§ 41 VwVfG)
- Begründung (§ 39 VwVfG)
- Inhaltlich hinreichend bestimmt (§ 37 VwVfG)
- Rechtsbehelfsbelehrung auf Verlangen

Speziell:

- Rechtsbehelfsbelehrung (Anfechtung gem. § 428 FamFG)
- Unverzügliche richterliche Entscheidung
- Benachrichtigungsrecht einer Person des Vertrauens, es sei denn, der Zweck der Maßnahme wäre dadurch gefährdet
- Benachrichtigungspflicht, wenn Person nicht in der Lage ist und die Benachrichtigung ihrem mutmaßlichen Willen nicht widerspricht
- Getrennte Unterbringung (geschlechtlich und nicht mit Straf- oder Untersuchungsgefangenen)
- Zusätzlich: Prüfung der Gewahrsamsfähigkeit
- Entlassung bei:
  - Wegfall des Grundes
  - aufgrund richterlicher Entscheidung
  - spätestens bis zum Ablauf des folgenden Tages

3.5 Feststellung der Rechtmäßigkeit der Maßnahme

Die Gewahrsamnahme des F gem. § 39 Abs. 1 Nr. 2 BPolG ist insgesamt rechtmäßig.

Fall 21: Unterbindungsgewahrsam – § 39 Abs. 1 Nr. 3 BPolG

Sachverhalt

Sie absolvieren Ihr verbandspolizeiliches Praktikum in der BPOLABT Ratzeburg. Am heutigen Tage sind Sie, anlässlich eines Fußballspiels des 1. FC St. Pauli gegen Arminia Bielefeld, mit Ihrem Einsatzzug zur Unterstützung der BPOLI Hamburg eingesetzt. Die Anhänger des 1. FC Sankt Pauli sind bekannt für gewalttätige Auseinandersetzungen. Sie haben den Auftrag, die Anreisephase der Fußballfans zu überwachen.

Gemeinsam mit Ihrer Truppführerin PHMin Heide beobachten Sie soeben eine Gruppe Hooligans des 1. FC Sankt Pauli in der Wandelhalle. Der Rädelsführer (R) heizt die Gruppe verbal an, den gegnerischen Fans einen „heißen Empfang" im Bahnhof zu bereiten. Sie stellen zunächst die Identität des R fest und fordern ihn auf, sich ruhig zu verhalten.

Die Abfrage der Personalien des R ergibt, dass er bereits in der Vergangenheit aufgrund gewalttätiger Auseinandersetzungen anlässlich von Sportveranstaltungen mehrfach straffällig geworden ist.

Der Aufforderung, sich ruhig zu verhalten, kommt der R nicht nach. Daraufhin erteilen Sie dem R einen Platzverweis gem. § 38 BPolG. Diesem kommt der R gleichfalls nicht nach, sodass Sie die Maßnahme zwangsweise durchsetzen müssen. Ihnen gegenüber äußert der R: *„Egal wo, ob hier oder woanders, heute machen meine Jungs und ich die anderen platt!"*

Kurze Zeit später treffen Sie den R erneut in der Wandelhalle an, als R die Gruppe konkret auffordert, sich auf „die Begegnung" vorzubereiten. Es ist nicht auszuschließen, dass der R auch an einem anderen Haltepunkt die gegnerischen Fans attackieren würde.

Aufgabe

Prüfen Sie die Rechtmäßigkeit der nun gegen den R zu treffenden Maßnahme (Ziffer 1.1 bis 3.5 des Prüfschemas)!

Lösungsvorschlag

1 Entscheidung

1.1 Entscheidung zu präventivem oder repressivem Tätigwerden

Die Entscheidung zu präventivem oder repressivem Handeln ist zu treffen. Ein Rädelsführer der Hooliganszene ruft zu Straftaten anlässlich eines Fußballspiels auf.

Zum jetzigen Zeitpunkt ist noch kein Schaden entstanden. Doch ohne polizeiliches Einschreiten stehen Straftaten wie Körperverletzung, Beteiligung an einer Schlägerei und Landfriedensbruch unmittelbar bevor. Es ist absehbar, dass es zu einem Schadenseintritt für die Individualrechtsgüter Leben, körperliche Unversehrtheit der gegnerischen Fußballfans sowie zu einer Beeinträchtigung der objektiven Rechtsordnung kommt.

Es handelt sich um eine bevorstehende Rechtsgutverletzung als Gefahr für die öffentliche Sicherheit. Somit ist präventives Einschreiten erforderlich.

1.2 Benennung der zu treffenden Maßnahme

Bei der nun zu treffenden Maßnahme könnte es sich um eine Gewahrsamnahme des R gem. § 39 Abs. 1 Nr. 3 BPolG (Unterbindungsgewahrsam) handeln.

2 Zuständigkeit

2.1 Sachliche Zuständigkeit

Die sachliche Zuständigkeit ergibt sich aus § 1 Abs. 2, § 3 Abs. 1 Nr. 1 BPolG i. V. m § 58 Abs. 1 BPolG i. V. m § 1 Abs. 1 BPolZV.

2.2 Örtliche Zuständigkeit

Die örtliche Zuständigkeit ergibt sich aus § 58 Abs. 1 BPolG i. V. m. § 2 Abs. 1 Nr. 2 BPolZV.

3 Eingriff

3.1 Befugnisnorm

Zu prüfen wäre hier, ob die Voraussetzungen des § 39 Abs. 1 Nr. 3 BPolG vorliegen.

Demnach müsste die Gewahrsamnahme zur Verhinderung unmittelbar bevorstehender Straftaten unerlässlich sein.

Es müssten zunächst Straftaten unmittelbar bevorstehen.

Straftaten sind alle mit Strafe bedrohten Handlungen.

Die Straftat steht unmittelbar bevor, wenn sie in allernächster Zeit mit an Sicherheit grenzender Wahrscheinlichkeit zu erwarten sein wird.

Der R fordert die Gruppe Hooligans konkret auf, sich auf „die Begegnung" mit den gegnerischen Fans vorzubereiten. In Betracht kommen strafbare Handlungen nach dem StGB, wie Beteiligung an einer Schlägerei (§ 231 StGB), Körperverletzung (§§ 223, 224 StGB) und Landfriedensbruch (§ 125 StGB).

Die gegnerischen Fans befinden sich auf der Anreise zum Fußballspiel, das zeitnah stattfinden soll.

Somit stehen Straftaten unmittelbar bevor.

Weiterhin müssten die unmittelbar bevorstehenden Straftaten verhindert werden.

Verhindern bedeutet, einen zukünftigen Vorgang von vornherein unmöglich zu machen, d. h. hier die unmittelbar bevorstehende Beteiligung an Schlägereien, Körperverletzungen und Landfriedensbruch.

Durch die Gewahrsamnahme wird dem R die Begegnung mit den gegnerischen Fans unmöglich gemacht. Ihm wird die Möglichkeit genommen, gegenüber der Gruppe weiterhin als Rädelsführer aufzutreten und diese konkret zur Begehung von Straftaten, wie Beteiligung an einer Schlägerei (§ 231 StGB), Körperverletzung (§§ 223, 224 StGB) und Landfriedensbruch (§ 125 StGB) anzustacheln/aufzufordern.

Ohne die von R veranlassten gruppendynamischen Prozesse werden die im Raume stehenden Straftaten wahrscheinlich anlässlich des Fußballspiels durch die Gruppe nicht begangen.

Somit werden die unmittelbar bevorstehenden Straftaten verhindert.

Somit liegen die Voraussetzungen für eine Gewahrsamnahme gem. § 39 Abs. 1 Nr. 3 BPolG insgesamt vor.

3.2 Adressat

Die Maßnahme müsste sich gegen den richtigen Adressaten richten.

Der R verursacht durch sein Verhalten die oben geprüfte Gefahr. R ist somit als Verhaltensverantwortlicher gem. § 17 Abs. 1 BPolG richtiger Adressat der polizeilichen Maßnahme.

3.3 Allgemeine Rechtmäßigkeitsvoraussetzungen/Verhältnismäßigkeit

Die Maßnahme müsste verhältnismäßig sein.

Das ist sie, wenn sie geeignet, erforderlich und angemessen ist.

Die Maßnahme müsste geeignet sein.

Die Maßnahme ist geeignet, wenn sie objektiv zwecktauglich ist, das polizeiliche Ziel zu erreichen.

Polizeiliches Ziel ist es, strafbare Handlungen zu verhindern. Durch eine Gewahrsamnahme wird dem R die Möglichkeit des Zusammentreffens mit den gegnerischen Fans sowie der Einfluss als Rädelsführer auf die Gruppe der gewaltbereiten Fußballfans genommen. Die Gewahrsamnahme als Maßnahme ist objektiv zwecktauglich, dieses Ziel zu erreichen. Somit ist die Maßnahme geeignet.

Weiterhin müsste die Maßnahme auch erforderlich sein.

Erforderlich ist eine Maßnahme, wenn sie von mehreren möglichen und geeigneten Maßnahmen diejenige ist, die den Einzelnen und die Allgemeinheit am wenigsten beeinträchtigt (§ 15 Abs. 1 BPolG).

Denkbar wäre der Platzverweis gem. § 38 i. V. m. § 14 Abs. 1 BPolG als mögliches milderes Mittel. Aufgrund des unkooperativen Verhaltens des R würde diese Maßnahme aber nicht sicher zum polizeilichen Ziel führen. Denkbar wäre auch eine Identitätsfeststellung gem. § 23 Abs. 1 Nr. 1, Abs. 3 BPolG. Damit könnten eine Entanonymisierung und ein Abschreckungseffekt erzielt werden. Beide Maßnahmen wurden bereits getroffen und führten ebenso wie die Aufforderung, sich ruhig zu verhalten gem. § 14 Abs. 1 BPolG, nicht zum Erfolg. Weitere mildere Maßnahmen sind nicht ersichtlich. Somit ist die Maßnahme auch erforderlich.

Zudem müsste die Maßnahme auch angemessen sein.

Angemessen bedeutet, dass eine Maßnahme nicht zu einem Nachteil führen darf, der zum erstrebten Erfolg erkennbar außer Verhältnis steht. Es hat eine Rechtsgüterabwägung zu erfolgen (§ 15 Abs. 2 BPolG).

Durch die Gewahrsamnahme schränken wir die Grundrechte des R auf allgemeine Handlungsfreiheit gem. Art. 2 Abs. 1 GG und Freiheit der Person gem. Art. 2 Abs. 2 Satz 2 GG i. V. m. Art. 104 Abs. 2 GG als Freiheitsentziehung ein.

Auf der anderen Seite schützen wir Individualrechtsgüter wie Leben, körperliche Unversehrtheit gem. Art. 2 Abs. 1 GG der gegnerischen Fußballfans und die objektive Rechtsordnung. Eine Freiheitsentziehung zählt unstrittig zu den schwerwiegendsten Grundrechtseingriffen. Sie ist jedoch nur von kurzer Dauer (Dauer des Fußballspiels) und ohne bleibenden Schaden für den R. In Anbetracht der unmittelbar bevorstehenden Straftaten und der bereits durchgeführten Mindermaßnahmen steht sie nicht außer Verhältnis zum angestrebten Zweck. Somit ist die Gewahrsamnahme auch angemessen.

Die Maßnahme ist insgesamt verhältnismäßig.

3.4 Besondere gesetzliche Pflichten/Formvorschriften

Allgemein:

- Bekanntgabe der Maßnahme (§ 41 VwVfG)
- Begründung (§ 39 VwVfG)
- Inhaltlich hinreichend bestimmt (§ 37 VwVfG)
- Rechtsbehelfsbelehrung auf Verlangen

Speziell:

- Rechtsbehelfsbelehrung (Anfechtung gem. § 428 FamFG)
- unverzügliche richterliche Entscheidung

- Benachrichtigungsrecht einer Person des Vertrauens, es sei denn, der Zweck der Maßnahme wäre dadurch gefährdet
- Benachrichtigungspflicht, wenn Person nicht in der Lage ist und die Benachrichtigung ihrem mutmaßlichen Willen nicht widerspricht
- getrennte Unterbringung (geschlechtlich und nicht mit Straf- oder Untersuchungsgefangenen)
- Zusätzlich: Prüfung der Gewahrsamsfähigkeit
- Entlassung bei:
  - Wegfall des Grundes
  - aufgrund richterlicher Entscheidung
  - spätestens bis zum Ablauf des folgenden Tages

3.5 Feststellung der Rechtmäßigkeit der Maßnahme

Die Gewahrsamnahme des R gem. § 39 Abs. 1 Nr. 3 BPolG ist insgesamt rechtmäßig.

2.7 Fälle zur Durchsuchung von Personen

Fall 22: Durchsuchung einer Person bei Freiheitsentziehung – § 43 Abs. 1 Nr. 1 BPolG

Sachverhalt

Sie absolvieren Ihr bahnpolizeiliches Praktikum in der BPOLI Hamburg und sind als Streife zusammen mit PHM Beier auf dem Hamburger Hauptbahnhof zur Überwachung eingesetzt.

Am heutigen Tag findet ein Fußball-Länderspiel zwischen Deutschland und England in Hamburg statt. Sie haben den Auftrag, zusammen mit PHM Beier die Anreisephase der Fußballfans zu überwachen.

Sie entschließen sich, den betrunkenen Fußballfan P, der mit dem RE zum Fußballspiel in Hamburg anreist, in Schutzgewahrsam nach § 39 Abs. 1 Nr. 1 BPolG zu nehmen.

Aufgabe

Prüfen Sie die Rechtmäßigkeit der nun vordringlich zu treffenden Maßnahme gegen P zum Zwecke der Eigensicherung (Ziffer 1 bis 3.5 des Prüfschemas)!

Lösungsvorschlag

1 Entscheidung

1.1 Entscheidung zu präventivem oder repressivem Handeln

Die Entscheidung zu präventivem oder repressivem Handeln ist zu treffen. Der betrunkene Fußballfan P soll in Schutzgewahrsam nach § 39 Abs. 1 Nr. 1 BPolG genommen werden.

Noch ist kein Schaden eingetreten. Doch ohne polizeiliches Einschreiten könnte es während der Mitnahme zur Dienststelle und auch auf der Dienststelle zu einer Gefährdung der eingesetzten PVB kommen, wenn P beispielsweise gefährliche Gegenstände mit sich führt und diese dann gegen die PVB einsetzt. Es könnte zu Straftaten wie z. B. Körperverletzung gem. §§ 223 ff. StGB, Widerstand oder tätlicher Angriff gegen Vollstreckungsbeamte gem. §§ 113, 114 StGB kommen.

Betroffen wären die Rechtsgüter der öffentlichen Sicherheit, die objektive Rechtsordnung sowie die Individualrechtsgüter der Unversehrtheit/Gesundheit und Leib/Leben der PVB. Weiterhin wären als Universalrechtsgüter die Durchsetzung des Staatswillens und die damit verbundene Handlungsfähigkeit der PVB betroffen.

Es handelt sich somit um eine bevorstehende Rechtsgutverletzung als Gefahr für die öffentliche Sicherheit. Daher ist präventives Handeln erforderlich.

1.2 Benennung der zu treffenden Maßnahme

Bei der nun zu treffenden Maßnahme könnte es sich um eine Durchsuchung gem. § 43 Abs. 1 Nr. 1 BPolG handeln.

2 Zuständigkeit

2.1 Sachliche Zuständigkeit

Die sachliche Zuständigkeit ergibt sich aus § 1 Abs. 2, 3, § 58 Abs. 1 BPolG i. V. m. § 1 Abs. 1 BPolZV.

2.2 Örtliche Zuständigkeit

Die örtliche Zuständigkeit ergibt sich aus § 58 Abs. 1 BPolG i. V. m. § 2 Abs. 2 Nr. 4 BPolZV.

3 Eingriff

3.1 Befugnisnorm

Gem. § 43 Abs. 1 Nr. 1 BPolG kann eine Person durchsucht werden, wenn sie nach diesem Gesetz oder nach anderen Rechtsvorschriften festgehalten werden kann.

Die Person müsste also festgehalten werden dürfen.

Festhalten ist jede freiheitsentziehende Maßnahme auf rechtlicher Grundlage.

Der betrunkene Fußballfan P soll in Schutzgewahrsam nach § 39 Abs. 1 Nr. 1 BPolG genommen werden. Dies stellt eine freiheitsentziehende Maßnahme auf rechtlicher Grundlage dar. Somit darf P festgehalten werden.

Die Voraussetzungen für eine Durchsuchung gem. § 43 Abs. 1 Nr. 1 BPolG liegen insgesamt vor.

3.2 Adressat

Die Maßnahme müsste sich gegen den richtigen Adressaten richten. Hier ist der P der Adressat, der festgehalten werden soll. Eine Gefahr muss nicht von ihm ausgehen. Der Adressat ergibt sich aus der Befugnis selbst. Es handelt sich um den Normadressaten gem. § 20 Abs. 2 i. V. m. § 43 Abs. 1 Nr. 1 BPolG.

3.3 Allgemeine Rechtmäßigkeitsvoraussetzungen/Verhältnismäßigkeit

Die Maßnahme müsste verhältnismäßig sein.

Das ist sie, wenn sie geeignet, erforderlich und angemessen ist.

Die Maßnahme müsste geeignet sein.

Die Maßnahme ist geeignet, wenn sie objektiv zwecktauglich ist, das polizeiliche Ziel zu erreichen.

Polizeiliches Ziel ist es, P im Rahmen der Eigensicherung zur Dienststelle mitzunehmen, ohne dass eine Eigen- oder Fremdgefährdung entsteht. Durch die Durchsuchung können etwaige gefährliche Gegenstände aufgefunden werden. Die Durchsuchung ist objektiv zwecktauglich, das polizeiliche Ziel zu erreichen. Die Maßnahme ist somit geeignet.

Weiterhin müsste die Maßnahme auch erforderlich sein.

Erforderlich ist die Maßnahme, wenn sie von mehreren möglichen und geeigneten Maßnahmen diejenige ist, die den Einzelnen und die Allgemeinheit voraussichtlich am wenigsten beeinträchtigt (§ 15 Abs. 1 BPolG).

Denkbar wäre als mögliche mildere Maßnahme eine Befragung gem. § 22 Abs. 1 BPolG. Es besteht jedoch die Gefahr, dass die Person absichtlich oder aufgrund des alkoholisierten Zustandes keine wahrheitsgemäßen Angaben macht. Dies würde somit eine unsichere Maßnahme zur Zielerreichung darstellen.

Denkbar wäre ebenfalls das Beobachten gem. § 21 Abs. 1 BPolG. Dies wäre aber ebenfalls nicht zielführend, da durch die PVB auf etwaige Angriffe/Gefahren zu spät reagiert werden könnte, weil nicht alle gefährlichen Gegenstände sichtbar sind.

Ebenso wäre eine Durchsuchung von Sachen gem. § 44 BPolG denkbar. Das hätte aber eine nicht vollständige Durchsuchung zur Folge, da auch an der Person gefährliche Gegenstände mitgeführt werden können. Somit ist kein milderes, geeignetes Mittel als die Durchsuchung der Person ersichtlich. Die Maßnahme ist somit auch erforderlich.

Schließlich müsste die Maßnahme auch angemessen sein.

Angemessen ist eine Maßnahme, wenn sie zu dem angestrebten Erfolg nicht erkennbar außer Verhältnis steht. Eine Rechtsgüterabwägung hat zu erfolgen (§ 15 Abs. 2 BPolG).

Durch die Maßnahme wird in das Grundrecht der freien Entfaltung der Persönlichkeit gem. Art. 2 Abs. 1 GG und in das Grundrecht der Freiheit der Person, hier als Fortbewegungsfreiheit (hinsichtlich der Durchsuchungsmaßnahme), gem. Art. 2 Abs. 2 Satz 2 i. V. m. Art. 104 Abs. 1 GG eingegriffen.

Geschützte Rechtsgüter sind das Recht auf körperliche Unversehrtheit/Gesundheit sowie Leben gem. Art. 2 Abs. 2 Satz 1 GG der PVB. Weiterhin ist als Universalrechtsgut die Durchsetzung des Staatswillens und die damit verbundene Handlungsfähigkeit der PVB betroffen. Die zu schützenden Rechtsgüter überwiegen in der Wertigkeit. Der Eingriff ist nur von kurzer Dauer und verursacht bei der Person keinen Schaden. Somit ist die Durchsuchung auch angemessen.

Die Maßnahme ist insgesamt verhältnismäßig.

3.4 Besondere gesetzliche Pflichten/Formvorschriften

Allgemein:

- Bekanntgabe der Maßnahme (§ 41 VwVfG)
- Begründung (§ 39 VwVfG)
- Inhaltlich hinreichend bestimmt (§ 37 VwVfG)
- Rechtsbehelfsbelehrung auf Verlangen

Speziell:

- Gleichgeschlechtliche Durchsuchung oder Arzt (§ 43 Abs. 4 BPolG)
- Ausnahme: Sofortige Durchsuchung zum Schutz gegen eine Gefahr für Leib oder Leben (§ 43 Abs. 4 BPolG)

3.5 Feststellung der Rechtmäßigkeit der Maßnahme

Somit ist die Durchsuchung des P gem. § 43 Abs. 1 Nr. 1 BPolG insgesamt rechtmäßig.

Fall 23: Durchsuchung einer Person zur Eigensicherung – § 43 Abs. 3 BPolG

Sachverhalt

Sie sind im Rahmen Ihres grenzpolizeilichen Praktikums in der BPOLI Forst als Fußstreife zusammen mit PHM Geißler im 30-km-Bereich eingesetzt.

In der Nähe der Ortschaft Grießen beobachten Sie zwei Männer, die zu Fuß aus einem kleinen Waldstück nahe der deutsch-polnischen Grenze, aus Richtung Polen, auf Sie zukommen. Sie wissen, dass es in der Vergangenheit vermehrt zu Fußschleusungen und damit verbunden zu Angriffen auf PVB im Rahmen von Kontrollen gekommen ist.

Sie eröffnen den beiden Männern Ihre Maßnahme und stellen fest, dass die Grundstimmung der beiden Ihnen gegenüber sehr aggressiv und provozierend ist. Die beiden Männer folgen Ihren Anweisungen nur sehr widerwillig.

Aufgabe

Prüfen Sie die Rechtmäßigkeit der nun vordringlich zu treffenden Maßnahme gegen die beiden Männer zum Zwecke der Eigensicherung (Ziffer 1 bis 3.5 des Prüfschemas)!

Lösungsvorschlag

1 Entscheidung

1.1 Entscheidung zu präventivem oder repressivem Handeln

Die Entscheidung zu präventivem oder repressivem Handeln ist zu treffen. Es soll die Identität zweier Männer im Grenzgebiet festgestellt werden. Die Grundstimmung der beiden ist sehr aggressiv und provozierend. Die beiden Männer folgen den Anweisungen nur sehr widerwillig. In der Vergangenheit kam es zudem vermehrt zu Angriffen auf PVB im Rahmen dieser Kontrollen.

Noch ist kein Schaden eingetreten. Es könnte jedoch während der Maßnahme IDF zu einer Gefährdung der eingesetzten PVB kommen, wenn die beiden Männer gefährliche Gegenstände mit sich führen und diese dann gegen die PVB einsetzen. Es könnte zu Straftaten, z. B. Körperverletzung gem. §§ 223 ff. StGB, Widerstand oder tätlicher Angriff gegen Vollstreckungsbeamte gem. §§ 113, 114 StGB, kommen.

Betroffen wären die Rechtsgüter der öffentlichen Sicherheit, die objektive Rechtsordnung sowie die Individualrechtsgüter der körperlichen Unversehrtheit/Gesundheit und Leben der PVB. Weiterhin wären als Universalrechtsgüter die Durchsetzung des Staatswillens und die damit verbundene Handlungsfähigkeit der PVB betroffen.

Es handelt sich somit um eine bevorstehende Rechtsgutverletzung als Gefahr für die öffentliche Sicherheit. Präventives Handeln ist erforderlich.

1.2 Benennung der zu treffenden Maßnahme

Bei der nun zu treffenden Maßnahme könnte es sich um eine Durchsuchung gem. § 43 Abs. 3 BPolG handeln.

2 Zuständigkeit

2.1 Sachliche Zuständigkeit

Die sachliche Zuständigkeit ergibt sich aus § 1 Abs. 2, 3, § 58 Abs. 1 BPolG i. V. m. § 1 Abs. 1 BPolZV.

2.2 Örtliche Zuständigkeit

Die örtliche Zuständigkeit ergibt sich aus § 58 Abs. 1 BPolG i. V. m. § 2 Abs. 2 Nr. 4 BPolZV.

3 Eingriff

3.1 Befugnisnorm

Als Voraussetzung für die Durchsuchung gem. § 43 Abs. 3 BPolG kann eine Person durchsucht werden, wenn sie sich vor oder während der Maßnahme der Identitätsfeststellung befindet und die Durchsuchung zum Schutz der eingesetzten Beamten, der Person selbst oder eines Dritten gegen eine Gefahr für Leib oder Leben erforderlich ist.

Zunächst müsste sich die Person vor oder während der Maßnahme Identitätsfeststellung (IDF) befinden.

Die IDF richtet sich nach dem BPolG oder anderen Rechtsvorschriften. Sie darf noch nicht abgeschlossen sein.

Hier soll gefahrenabwehrend die Identität zweier Männer im Grenzgebiet festgestellt werden. Die Maßnahme richtet sich nach Art. 23 SGK i. V. m. § 23 Abs. 1 Nr. 3 1. Alt, Abs. 3 BPolG. Noch haben die PVB mit der Maßnahme nicht begonnen und sie ist noch nicht abgeschlossen. Wir befinden uns also vor der Maßnahme der IDF.

Weiterhin müsste die Durchsuchung zum Schutz der eingesetzten Beamten, der Person selbst oder eines Dritten erfolgen.

Dies wäre sie, wenn sie der Abwehr von gefahrenträchtigen Situationen, die zeit-, objekt- oder personenbedingt sein können, dient.

Die Grundstimmung der beiden Männer ist aggressiv und provozierend, insbesondere gegenüber den eingesetzten PVB. Die beiden Männer folgen ihren Anweisungen nur sehr widerwillig. In der Vergangenheit kam es zudem vermehrt zu Angriffen auf PVB im Rahmen dieser Kontrollen. Die Durchsuchung dient somit dem Schutz der eingesetzten Beamten.

Die Durchsuchung müsste sich gegen eine Gefahr für Leib oder Leben richten.

Eine Gefahr für Leib oder Leben liegt vor, wenn als Schaden der Eintritt einer nicht ganz unerheblichen Körperverletzung oder gar des Todes droht.

Aufgrund der aggressiven Grundstimmung ist davon auszugehen, dass die Männer sich der Maßnahme (IDF) der PVB nicht nur verbal, sondern auch körperlich widersetzen könnten. In der Vergangenheit kam es vermehrt zu Angriffen auf PVB. Die eingesetzten PVB könnten also auch hier angegriffen und verletzt werden. Die Gefahr braucht nicht konkret zu sein, muss aber zumindest den Umständen nach zu erwarten sein. Das Verhalten der beiden Männer deutet aber auf ein gewisses Gewaltpotenzial hin. Dadurch droht als Schaden der Eintritt einer nicht ganz unerheblichen Körperverletzung. Eine Gefahr für Leib oder Leben liegt also vor.

Schließlich müsste die Durchsuchung erforderlich sein.

Das ist sie, wenn das polizeiliche Ziel auf andere Weise nicht erreicht werden kann.

Die Abwehr der Gefahr für Leib oder Leben der PVB ist hier auf andere Weise nicht zu erreichen. Die Polizei braucht sich nicht auf unsichere Maßnahmen einzulassen. Hier ist eine mildere und gleichsam geeignete Handlungsalternative nicht ersichtlich. Somit ist die Durchsuchung zur Abwehr der Gefahr gegen Leib oder Leben der PVB den Umständen nach erforderlich.

Somit liegen insgesamt alle Voraussetzungen des § 43 Abs. 3 BPolG vor.

3.2 Adressat

Die Maßnahme müsste sich gegen den richtigen Adressaten richten.

Adressaten sind hier die beiden Männer. Die Adressatenregelung ergibt sich aus der Befugnis selbst. Einer Gefahrenverursachung bedarf es nicht. Es handelt sich um den Normadressaten gem. § 20 Abs. 2 i. V. m. § 43 Abs. 3 BPolG.

3.3 Allgemeine Rechtmäßigkeitsvoraussetzungen/Verhältnismäßigkeit

Die Maßnahme müsste verhältnismäßig sein.

Das ist sie, wenn sie geeignet, erforderlich und angemessen ist.

Die Maßnahme müsste geeignet sein.

Die Maßnahme ist geeignet, wenn sie objektiv zwecktauglich ist, das polizeiliche Ziel zu erreichen.

Polizeiliches Ziel ist es, im Rahmen der Eigensicherung die Personen zu kontrollieren, ohne dass eine Eigen- oder Fremdgefährdung entsteht. Durch die Durchsuchung können etwaige gefährliche Gegenstände aufgefunden werden. Die Durchsuchung ist objektiv zwecktauglich, das polizeiliche Ziel zu erreichen. Die Maßnahme ist somit geeignet.

Weiterhin müsste die Maßnahme auch erforderlich sein.

Erforderlich ist die Maßnahme, wenn sie von mehreren möglichen und geeigneten Maßnahmen diejenige ist, die den Einzelnen und die Allgemeinheit voraussichtlich am wenigsten beeinträchtigt (§ 15 Abs. 1 BPolG).

Denkbar wäre als mögliche mildere Maßnahme eine Befragung gem. § 22 Abs. 1 BPolG. Es besteht jedoch die Gefahr, dass die Personen absichtlich keine wahrheitsgemäßen Angaben machen. Das stellt somit eine unsichere Maßnahme zur Zielerreichung dar. Denkbar wäre ebenfalls das Beobachten gem. § 21 Abs. 1 BPolG. Dies wäre aber ebenfalls nicht zielführend, da durch die PVB auf etwaige Angriffe/Gefahren zu spät reagiert werden könnte, weil nicht alle gefährlichen Gegenstände sichtbar sind.

Ebenso wäre eine Durchsuchung von Sachen gem. § 44 BPolG denkbar. Das hätte aber eine nicht vollständige Durchsuchung zur Folge, da auch an den Personen gefährliche Gegenstände mitgeführt werden können. Somit ist kein milderes, geeignetes Mittel als die Durchsuchung der Personen ersichtlich. Die Maßnahme ist somit auch erforderlich.

Schließlich müsste die Maßnahme auch angemessen sein.

Angemessen ist eine Maßnahme, wenn sie zu dem angestrebten Erfolg nicht erkennbar außer Verhältnis steht. Eine Rechtsgüterabwägung hat zu erfolgen (§ 15 Abs. 2 BPolG).

Durch die Maßnahme wird in das Grundrecht der freien Entfaltung der Persönlichkeit gem. Art. 2 Abs. 1 GG und in das Grundrecht der Freiheit der

Person, hier als Fortbewegungsfreiheit (hinsichtlich der Durchsuchungsmaßnahme), gem. Art. 2 Abs. 2 Satz 2 i. V. m. Art. 104 Abs. 1 GG eingegriffen.

Geschützte Rechtsgüter sind hier das Recht auf körperliche Unversehrtheit/Gesundheit sowie Leben gem. Art. 2 Abs. 2 Satz 1 GG der PVB. Weiterhin ist als Universalrechtsgut die Durchsetzung des Staatswillens und die damit verbundene Handlungsfähigkeit der PVB betroffen. Die zu schützenden Rechtsgüter überwiegen in der Wertigkeit. Der Eingriff ist nur von kurzer Dauer und verursacht bei den Personen keinen Schaden. Somit ist die Durchsuchung auch angemessen.

Die Maßnahme ist insgesamt verhältnismäßig.

3.4 Besondere gesetzliche Pflichten/Formvorschriften

Allgemein:

- Bekanntgabe der Maßnahme (§ 41 VwVfG)
- Begründung (§ 39 VwVfG)
- Inhaltlich hinreichend bestimmt (§ 37 VwVfG)
- Rechtsbehelfsbelehrung auf Verlangen

Speziell:

- Gleichgeschlechtliche Durchsuchung oder Arzt (§ 43 Abs. 4 BPolG)
- Ausnahme: Sofortige Durchsuchung zum Schutz gegen eine Gefahr für Leib oder Leben (§ 43 Abs. 4 BPolG)

3.5 Feststellung der Rechtmäßigkeit der Maßnahme

Somit ist die Durchsuchung der beiden Männer gem. § 43 Abs. 3 BPolG insgesamt rechtmäßig.

2.8 Fälle zur Durchsuchung von Sachen

Fall 24: Durchsuchung zum Auffinden von Personen – § 44 Abs. 1 Nr. 2 BPolG

Sachverhalt

Sie sind im Rahmen Ihres verbandspolizeilichen Praktikums in der BPOLI Forst eingesetzt.

Im Rahmen eines Schwerpunkteinsatzes zur Verhinderung und Unterbindung unerlaubter Einreisen haben Sie den Auftrag, zusammen mit Ihrer Einsatzgruppe Kontrollen gegen fahndungsrelevante Fahrzeuge durchzuführen.

Sie errichten und betreiben an der B 115, Ortslage Döbern, eine Kontrollstelle.

Sie sind als Kontrollbeamter eingesetzt. Gerade wird über Funk vom Vorwarnposten PK Zischke die Annäherung eines fahndungsrelevanten Pkw gemeldet. Sie entscheiden sich, den Pkw anzuhalten. Zunächst werden die Insassen durch Sie kontrolliert. Während der Kontrolle hören Sie Klopfgeräusche und Hilferufe aus dem Kofferraum, die eindeutig einem Menschen zuzuordnen sind.

Aufgabe

Prüfen Sie die Rechtmäßigkeit der von Ihnen zu treffenden Maßnahme gegen den Pkw (Ziffer 1 bis 3.5 des Prüfschemas)!

Lösungsvorschlag

1 Entscheidung

1.1 Entscheidung zu präventivem oder repressivem Handeln

Die Entscheidung zu präventivem oder repressivem Handeln ist zu treffen. Während der Kontrolle des Pkw sind Klopfgeräusche und Hilferufe aus dem Kofferraum zu hören.

Ein Schaden ist bereits eingetreten. Ohne polizeiliches Handeln ist eine Schadensvertiefung möglich. Es ist nicht auszuschließen, dass sich im Kofferraum ein oder mehrere Mensch(en) befinden. Straftaten gegen die Freiheit der Person (§§ 239 ff. StGB) und die körperliche Unversehrtheit (§§ 223 ff. StGB) sind anzunehmen.

Rechtsgüter der öffentlichen Sicherheit sind betroffen, die objektive Rechtsordnung sowie das Recht auf Freiheit der Person und körperliche Unversehrtheit/Gesundheit. Es handelt sich um eine anhaltende Rechtsgutverletzung als Gefahr für die öffentliche Sicherheit. Präventives Handeln ist erforderlich.

1.2 Benennung der zu treffenden Maßnahme

Bei der nun zu treffenden Maßnahme könnte es sich um eine Durchsuchung des Pkw gem. § 44 Abs. 1 Nr. 2 BPolG handeln.

2 Zuständigkeit

2.1 Sachliche Zuständigkeit

Die sachliche Zuständigkeit ergibt sich aus § 1 Abs. 2, § 2 Abs. 2 Nr. 3, § 58 Abs. 1 BPolG i. V. m. § 1 Abs. 1 BPolZV.

2.2 Örtliche Zuständigkeit

Die örtliche Zuständigkeit ergibt sich aus § 58 Abs. 1 BPolG i. V. m. § 2 Abs. 1 Nr. 8 BPolZV.

3 Eingriff

3.1 Befugnisnorm

Gem. § 44 Abs. 1 Nr. 2 BPolG kann die Bundespolizei eine Sache durchsuchen, wenn Tatsachen die Annahme rechtfertigen, dass sich in der Sache eine Person befindet, die in Gewahrsam genommen werden darf oder widerrechtlich festgehalten wird oder hilflos ist.

Zunächst müssten Tatsachen vorliegen, die die Annahme rechtfertigen, dass sich in der Sache eine Person befindet.

Tatsachen sind gesicherte Erkenntnisse und begründen objektiv die Annahme, dass ein bestimmter Sachverhalt tatsächlich existiert oder mit Wahrscheinlichkeit zu erwarten ist.

Eine Sache ist jeder bewegliche Gegenstand, unabhängig von seinem Aggregatzustand.

Eine Person ist eine natürliche Person, d. h. der Mensch selbst als Rechtssubjekt.

Während der Kontrolle des Pkw sind Klopfgeräusche und Hilferufe aus dem Kofferraum zu hören. Diese sind deutlich einem Menschen zuzuordnen. Es handelt sich hierbei um eine gesicherte Erkenntnis, die objektiv die Annahme zulässt, dass sich im Kofferraum mindestens ein Mensch, also eine Person, befindet. Bei dem Kofferraum handelt es sich unzweifelhaft um eine Sache.

Es liegen also Tatsachen vor, die die Annahme rechtfertigen, dass sich in der Sache eine Person befindet.

Weiterhin müsste die Person in Gewahrsam genommen werden dürfen oder widerrechtlich festgehalten werden oder hilflos sein.

Hier kommt Hilflosigkeit als gesetzliche Voraussetzung in Betracht.

Eine hilflose Lage liegt vor, wenn der Betroffene sich nicht aus eigener Kraft aus der Lage befreien kann.

Aufgrund des Klopfens und der Hilferufe scheint sich die Person unzweifelhaft in einer solchen hilflosen Lage zu befinden. Der Person ist es also nicht möglich, selbstständig den Kofferraum zu verlassen und sich aus eigener Kraft aus der Gefahr zu befreien.

Somit ist die Person hilflos.

Demnach liegen die Voraussetzungen für die Durchsuchung des Pkw gem. § 44 Abs. 1 Nr. 2 BPolG vor.

3.2 Adressat

Die Maßnahme müsste sich gegen den richtigen Adressaten richten.

Adressat ist hier der Fahrer des Pkw als Inhaber der tatsächlichen Gewalt über die Sache (Pkw). Der Adressat ergibt sich aus der Befugnis selbst, also der Normadressat gem. § 20 Abs. 2 BPolG i. V. m. § 44 Abs. 1 Nr. 2 BPolG.

3.3 Allgemeine Rechtmäßigkeitsvoraussetzungen/Verhältnismäßigkeit

Die Durchsuchung müsste verhältnismäßig sein.

Das ist sie, wenn sie geeignet, erforderlich und angemessen ist.

Die Durchsuchung müsste geeignet sein.

Die Durchsuchung ist geeignet, wenn sie objektiv zwecktauglich ist, das polizeiliche Ziel zu erreichen.

Polizeiliches Ziel ist es festzustellen, ob sich ein oder mehrere Menschen im Kofferraum des Pkw befinden. Die Maßnahme ist objektiv zwecktauglich zur polizeilichen Zielerreichung. Die Maßnahme ist somit geeignet.

Weiterhin müsste die Maßnahme auch erforderlich sein.

Erforderlich ist die Maßnahme, wenn sie von mehreren möglichen und geeigneten Maßnahmen diejenige ist, die den Einzelnen und die Allgemeinheit voraussichtlich am wenigsten beeinträchtigt (§ 15 Abs. 1 BPolG).

Eine mildere Maßnahme, die zugleich noch den Erfolg der Gefahrenabwehr gewährleisten würde, wäre eine Befragung des Fahrers gem. § 22 Abs. 1 BPolG. Es besteht jedoch die Gefahr, dass der Fahrer bewusst falsche Angaben macht. Angesichts der zeitlichen Dringlichkeit könnte durch eine Befragung unnötig Zeit verloren gehen. Auch ein reines Beobachten gem. § 21 Abs. 1 BPolG würde nicht sicher zum polizeilichen Ziel führen, da sich die Person möglicherweise in Lebensgefahr befindet und keine Klopfgeräusche und Hilferufe mehr von sich geben kann.

Demnach gibt es kein milderes, geeignetes Mittel. Somit ist die Maßnahme auch erforderlich.

Schließlich müsste die Maßnahme auch angemessen sein.

Angemessen ist eine Maßnahme, wenn sie zu dem angestrebten Erfolg nicht erkennbar außer Verhältnis steht. Eine Rechtsgüterabwägung hat zu erfolgen (§ 15 Abs. 2 BPolG).

Bei dem Fahrzeugführer wird in das Recht auf freie Entfaltung der Persönlichkeit gem. Art. 2 Abs. 1 GG und Freiheit der Person, hier als kurze Freiheitsbeschränkung durch das erforderliche Anhalten zur Durchsuchung, gem. Art. 2 Abs. 2 Satz 2 i. V. m. Art. 104 Abs. 1 GG sowie in sein Recht auf Eigentum gem. Art. 14 Abs. 1 Satz 1 GG eingegriffen.

Dem gegenüber stehen die objektive Rechtsordnung und die Individualrechtsgüter Gesundheit/körperliche Unversehrtheit und Leben gem. Art. 2 Abs. 2 Satz 1 GG sowie Freiheit der Person gem. Art. 2 Abs. 1 i. V. m. Art. 104 Abs. 1 GG. Die zu schützenden Rechtsgüter überwiegen in ihrer Wertigkeit. Die Maßnahme richtet sich vordergründig gegen die Sache (Pkw). Zudem erfolgt der Eingriff nur kurzfristig und verursacht bei der Person keinen Schaden. Die Maßnahme ist also auch angemessen.

Die Durchsuchung ist insgesamt verhältnismäßig.

3.4 Besondere gesetzliche Pflichten/Formvorschriften

Allgemein:

- Bekanntgabe der Maßnahme (§ 41 VwVfG)
- Begründung (§ 39 VwVfG)
- Inhaltlich hinreichend bestimmt (§ 37 VwVfG)
- Rechtsbehelfsbelehrung auf Verlangen

Speziell:

- Anwesenheitsrecht des Besitzers bei Durchsuchung (§ 44 Abs. 4 BPolG)
- Auf Wunsch Bescheinigung über Grund der Durchsuchung ausstellen (§ 44 Abs. 4 BPolG)

3.5 Feststellung der Rechtmäßigkeit der Maßnahme

Die Durchsuchung des Pkw gem. § 44 Abs. 1 Nr. 2 BPolG ist somit rechtmäßig.

Fall 25: Durchsuchung von Sachen im Grenzgebiet – § 44 Abs. 2 1. Alt. BPolG

Sachverhalt

Sie sind im Rahmen Ihres grenzpolizeilichen Praktikums in der BPOLI Forst eingesetzt.

Im Rahmen eines Schwerpunkteinsatzes zur Verhinderung und Unterbindung unerlaubter Einreisen haben Sie den Auftrag, zusammen mit Ihrem Streifenpartner PHM Geißler Kontrollen gegen fahndungsrelevante Fahrzeuge durchzuführen.

Die Fahndung richtet sich insbesondere gegen Fahrzeuge und Personen, die im Zusammenhang mit Schleusungsdelikten und unerlaubten Einreisen stehen könnten. Insbesondere Lkw älterer Baujahre entsprechen dem Fahndungsraster.

Sie sind als Kontrollbeamter eingesetzt. Gerade wird über Funk die Annäherung eines fahndungsrelevanten Lkw aus Richtung der 15 km entfernten Grenze zu Polen gemeldet. Sie entscheiden sich, den Lkw anzuhalten, um den Fahrer zu kontrollieren und seine Daten in den Fahndungssystemen abzufragen. Die Kontrolle des Fahrers und seine Befragung brachten keine weiteren Erkenntnisse.

Aufgabe

Prüfen Sie die Rechtmäßigkeit der von Ihnen zu treffenden Maßnahme gegen den Lkw (Ziffer 1 bis 3.5 des Prüfschemas)!

Lösungsvorschlag

1 Entscheidung

1.1 Entscheidung zu präventivem oder repressivem Handeln

Die Entscheidung zu präventivem oder repressivem Handeln ist zu treffen. Der Lkw soll kontrolliert werden.

Es kann im Sachverhalt noch kein Schaden erkannt werden. Durch die Kontrolle soll erst festgestellt werden, ob ein Schaden vorliegt. Wenn eine unerlaubte Einreise oder Schleusung (Verstoß gegen das AufenthG) vorliegt bzw. festgestellt werden würde, wäre ein Schaden für die objektive Rechtsordnung und das Universalrechtsgut Sicherheit der Grenze bereits eingetreten.

Der Schaden würde sich ohne polizeiliches Handeln mit der Fortsetzung der Einreise/des Aufenthalts vertiefen.

Es handelt sich dann um eine bevorstehende (ggf. anhaltende) Rechtsgutverletzung als Gefahr für die öffentliche Sicherheit. Somit ist präventives Tätigwerden erforderlich.

1.2 Benennung der zu treffenden Maßnahme

Bei der nun zu treffenden Maßnahme könnte es sich um eine Durchsuchung des Lkw gem. § 44 Abs. 2 1. Alt BPolG handeln.

2 Zuständigkeit

2.1 Sachliche Zuständigkeit

Die sachliche Zuständigkeit ergibt sich aus § 1 Abs. 2, § 2 Abs. 2 Nr. 3, § 58 Abs. 1 BPolG i. V. m. § 1 Abs. 1 BPolZV.

2.2 Örtliche Zuständigkeit

Die örtliche Zuständigkeit ergibt sich aus § 58 Abs. 1 BPolG i. V. m. § 2 Abs. 1 Nr. 8 BPolZV.

3 Eingriff

3.1 Befugnisnorm

Gem. § 44 Abs. 2 1. Alt BPolG kann die BPOL im Grenzgebiet zur Verhinderung/ Unterbindung der unerlaubten Einreise in das Bundesgebiet oder zur Verhütung von Straftaten i. S. v. § 12 Abs. 1 Nr. 1 bis 4 BPolG eine Sache durchsuchen.

Dazu müsste die Kontrolle im Grenzgebiet, d. h. im 30-km-Bereich, stattfinden.

Der 30-km-Bereich erstreckt sich von der landwärtigen Begrenzung bis zu 30 km ins Landesinnere.

Im Rahmen der Grenzüberwachung fällt uns ein Lkw auf, der aus Richtung der ca. 15 km entfernten Grenze zu Polen kommt.

Somit befinden wir uns im 30-km-Bereich.

Weiterhin müsste die Durchsuchung zur Verhinderung oder Unterbindung der unerlaubten Einreise dienen.

Die Einreise eines Ausländers ist gemäß § 14 Abs. 1 AufenthG unerlaubt, wenn er entweder ohne Pass, ohne erforderlichen Aufenthaltstitel, mittels Gebrauchs eines erschlichenen Visums oder entgegen einer Wiedereinreisesperre einreist.

Verhindern bedeutet einen zukünftigen Vorgang von vornherein unmöglich zu machen, d. h. hier die unmittelbar bevorstehende unerlaubte Einreise zu verhindern.

Unterbinden bedeutet, einen bereits in Gang gesetzten Vorgang (unerlaubte Einreise) abzubrechen.

Durch die Kontrollmaßnahme können zum einen Personen/Fahrzeuginsassen festgestellt werden, die sich vor der polizeilichen Kontrolle bisher bewusst verborgen halten. Es kann dann weiterhin geprüft werden, ob diese Personen im Besitz der notwendigen Aufenthaltsdokumente sind. Sollte dies nicht der Fall sein, wären die zu kontrollierenden Personen unerlaubt nach Deutschland eingereist bzw. halten sich unerlaubt in Deutschland auf.

Zum anderen können Gegenstände, wie z. B. Dokumente, festgestellt werden, die im Zusammenhang mit Schleusungsdelikten stehen.

Das Fahrzeug befindet sich bereits auf deutschem Hoheitsgebiet und ist somit bereits eingereist. Damit kann die Fortsetzung einer möglichen unerlaubten Einreise nur noch unterbunden werden.

Durch die Durchsuchung könnten zukünftige unerlaubte Einreisen/Aufenthalte verhindert werden. Beispielsweise durch Korrektur/Ergänzung des Lagebildes und Abschreckung potenzieller Täter.

Die Durchsuchung dient somit der Unterbindung der unerlaubten Einreise.

Demnach liegen die Voraussetzungen für die Durchsuchung des Fahrzeugs gem. § 44 Abs. 2 1. Alt BPolG vor.

3.2 Adressat

Die Maßnahme müsste sich gegen den richtigen Adressaten richten.

Adressat ist hier der Fahrer des angehaltenen Lkw. Der Adressat ergibt sich aus der Befugnis selbst, also der Normadressat gem. § 20 Abs. 2 i. V. m. § 44 Abs. 2 BPolG.

3.3 Allgemeine Rechtmäßigkeitsvoraussetzungen/Verhältnismäßigkeit

Die Durchsuchung müsste verhältnismäßig sein.

Das ist sie, wenn sie geeignet, erforderlich und angemessen ist.

Die Durchsuchung müsste geeignet sein.

Die Durchsuchung ist geeignet, wenn sie objektiv zwecktauglich ist, das polizeiliche Ziel zu erreichen.

Polizeiliches Ziel ist es, durch die Unterbindung unerlaubter Einreisen/Aufenthalte die Sicherheit der Grenze zu gewährleisten. Mit der Durchsuchung des Lkw kann festgestellt werden, ob sich zum einen noch weitere Personen oder zum anderen Gegenstände, die möglicherweise im Zusammenhang mit Schleusungsdelikten stehen, im Fahrzeug befinden. Die Maßnahme ist objektiv zwecktauglich zur polizeilichen Zielerreichung. Die Maßnahme ist somit geeignet.

Weiterhin müsste die Maßnahme auch erforderlich sein.

Erforderlich ist die Maßnahme, wenn sie von mehreren möglichen und geeigneten Maßnahmen diejenige ist, die den Einzelnen und die Allgemeinheit voraussichtlich am wenigsten beeinträchtigt (§ 15 Abs. 1 BPolG).

Eine mildere Maßnahme, die zugleich noch den Erfolg der Gefahrenabwehr gewährleisten würde, ist hier nicht erkennbar. Insbesondere würde ein reines Beobachten gem. § 21 Abs. 1 BPolG nicht zum Auffinden von Sachen/Personen und somit nicht zur Verhinderung/Unterbindung unerlaubter Einreisen oder der Verhütung von Straftaten führen, da Sachen/Personen nicht auf Anhieb sichtbar sein könnten.

Weiterhin wäre eine Befragung gem. § 22 Abs. 1 BPolG als mildere Maßnahme denkbar. Es besteht aber die Gefahr, dass absichtlich nicht wahrheitsgemäß geantwortet wird. Demnach gibt es kein milderes, geeignetes Mittel. Somit ist die Maßnahme auch erforderlich.

Schließlich müsste die Maßnahme auch angemessen sein.

Angemessen ist eine Maßnahme, wenn sie zu dem angestrebten Erfolg nicht erkennbar außer Verhältnis steht. Eine Rechtsgüterabwägung hat zu erfolgen (§ 15 Abs. 2 BPolG).

Bei dem Fahrzeugführer wird in das Recht auf freie Entfaltung der Persönlichkeit gem. Art. 2 Abs. 1 GG und Freiheit der Person, hier als kurze Freiheitsbeschränkung durch das erforderliche Anhalten zur Durchsuchung, gem. Art. 2 Abs. 2 Satz 2 i. V. m. Art. 104 Abs. 1 GG sowie in sein Recht auf Eigentum gem. Art. 14 Abs. 1 Satz 1 GG eingegriffen. Dem gegenüber steht der Schutz der Universalrechtsgüter der Sicherheit der Grenze und der objektiven Rechtsordnung. Die zu schützenden Rechtsgüter überwiegen in ihrer Wertigkeit. Die Maßnahme richtet sich vordergründig gegen die Sache (Lkw). Zudem erfolgt der Eingriff nur kurzfristig und verursacht bei den Personen keinen Schaden. Die Maßnahme ist also auch angemessen.

Die Durchsuchung ist insgesamt verhältnismäßig.

3.4 Besondere gesetzliche Pflichten/Formvorschriften

Allgemein:

- Bekanntgabe der Maßnahme (§ 41 VwVfG)
- Begründung (§ 39 VwVfG)

- Inhaltlich hinreichend bestimmt (§ 37 VwVfG)
- Rechtsbehelfsbelehrung auf Verlangen

Speziell:

- Anwesenheitsrecht des Besitzers bei Durchsuchung (§ 44 Abs. 4 BPolG)
- Auf Wunsch Bescheinigung über Grund der Durchsuchung ausstellen (§ 44 Abs. 4 BPolG)

3.5 Feststellung der Rechtmäßigkeit der Maßnahme

Die Durchsuchung des Lkw gem. § 44 Abs. 2 1. Alt BPolG ist somit rechtmäßig.

2.9 Fälle zur Sicherstellung

Fall 26: Sicherstellung einer Sache bei gegenwärtiger Gefahr – § 47 Nr. 1 BPolG

Sachverhalt

Sie absolvieren Ihr bahnpolizeiliches Praktikum in der BPOLI Hamburg und sind auf dem Hauptbahnhof Hamburg eingesetzt.

Sie überwachen zusammen mit PHM Beier den Hamburger Hauptbahnhof. Es erreicht Sie über Funk die Meldung, dass sich auf Bahnsteig 4 ein frei laufender, bissiger Hund befindet. Sie erreichen sofort antretend Bahnsteig 4 und sehen dort den Hund. Ein Besitzer ist nicht ausfindig zu machen.

Aufgabe

Prüfen Sie die nun vordringlich gegen den Hund zu treffende Maßnahme (Ziffer 1 bis 3.5 des Prüfschemas)!

Lösungsvorschlag

1 Entscheidung

1.1 Entscheidung zu präventivem oder repressivem Tätigwerden

Die Entscheidung zu präventivem oder repressivem Handeln ist zu treffen.

Auf Bahnsteig 4 läuft ein Hund frei herum.

Noch ist kein Schaden eingetreten. Doch ohne polizeiliches Einschreiten könnten Reisende durch das Tier verletzt werden. Der Hund selbst könnte auch durch den Bahnbetrieb verletzt werden oder aber zumindest den Bahnbetrieb beeinträchtigen.

Rechtsgüter der öffentlichen Sicherheit wären betroffen, hier die objektive Rechtsordnung, die Individualrechtsgüter auf körperliche Unversehrtheit/Gesundheit der Reisenden und die Sicherheit des Bahnverkehrs als Universalrechtsgut.

Es handelt sich um eine bevorstehende Rechtsgutverletzung als Gefahr für die öffentliche Sicherheit. Daher ist präventives Handeln notwendig.

1.2 Benennung der zu treffenden Maßnahme

Bei der nun zu treffenden Maßnahme könnte es sich um eine Sicherstellung des Hundes (als Sache) gem. § 47 Nr. 1 BPolG handeln.

2 Zuständigkeit

2.1 Sachliche Zuständigkeit

Die sachliche Zuständigkeit ergibt sich aus § 1 Abs. 2, § 3 Abs. 1 Nr. 1, § 58 Abs. 1 BPolG i. V. m. § 1 Abs. 1 BPolZV.

2.2 Örtliche Zuständigkeit

Die örtliche Zuständigkeit ergibt sich aus § 58 Abs. 1 BPolG i. V. m. § 2 Abs. 1 Nr. 2 BPolZV.

3 Eingriff

3.1 Befugnisnorm

Zu prüfen wäre hier, ob die Voraussetzungen des § 47 Nr. 1 BPolG vorliegen.

Demnach kann die Bundespolizei eine Sache zur Abwehr einer gegenwärtigen Gefahr sicherstellen.

Das ist eine im Einzelfall bestehende gegenwärtige Gefahr für die öffentliche Sicherheit oder Ordnung im Aufgabenbereich der Bundespolizei.

Es müsste eine im Einzelfall bestehende gegenwärtige Gefahr vorliegen.

Eine im Einzelfall bestehende gegenwärtige Gefahr liegt vor, wenn das schädigende Ereignis bereits begonnen hat oder mit an Sicherheit grenzender Wahrscheinlichkeit unmittelbar bevorsteht.

Der Hund läuft frei herum und ist bissig. Ein Besitzer ist nicht ausfindig zu machen. Dadurch drohen den Reisenden Schäden an der Gesundheit. Der Betrieb der Bahn mit den ein- und ausfahrenden Zügen ist gefährdet. Der Hund könnte auf die Gleise laufen und den Betrieb der Bahn beeinträchtigen. Das schädigende Ereignis hat also bereits begonnen. Eine im Einzelfall bestehende gegenwärtige Gefahr liegt somit vor.

Diese Gefahr müsste für die öffentliche Sicherheit oder Ordnung bestehen. *Unter der öffentlichen Sicherheit versteht man den Schutz der Allgemeinheit und des Einzelnen vor Schäden, die dem Bestand und der Funktionsfähigkeit des Staates und seinen Einrichtungen, den Individual- und Universalrechtsgütern sowie der gesamten Rechtsordnung drohen.*

Rechtsgüter der öffentlichen Sicherheit sind betroffen, hier die objektive Rechtsordnung, die Individualrechtsgüter auf körperliche Unversehrtheit/Gesundheit der Reisenden und die Sicherheit im Bahnverkehr als Universalrechtsgut. Somit besteht die Gefahr für die öffentliche Sicherheit.

Der Vorfall müsste sich im Aufgabenbereich der Bundespolizei ereignen. *Das sind alle präventiven Aufgaben gem. der §§ 1 bis 7 BPolG.*

Gem. § 3 Abs. 1 Nr. 1 BPolG obliegt der Bundespolizei die Abwehr von Gefahren, die den Benutzern und dem Betrieb der Bahn drohen. Der Hund verhält sich aggressiv. Die Gefahr droht also den Benutzern der Bahn. Zudem läuft er frei herum. Somit droht die Gefahr auch dem Betrieb der Bahn. Eine Aufgabe der Bundespolizei ist betroffen. Der Vorfall ereignet sich im Aufgabenbereich der Bundespolizei.

Eine gegenwärtige Gefahr liegt insgesamt vor.

Insgesamt sind alle Voraussetzungen der Sicherstellung gem. § 47 Nr. 1 BPolG gegeben.

3.2 Adressat

Die Maßnahme müsste sich gegen den richtigen Adressaten richten.

Grundsätzlich richtet sich die Maßnahme gegen den Verursacher der Gefahr als Verhaltensverantwortlichen gem. § 17 Abs. 1 BPolG. Geht die Gefahr von einem Tier oder einer Sache aus, kommt der Zustandsverantwortliche gem. § 18 Abs. 1 BPolG als richtiger Adressat in Betracht. Der Hund wäre hier rechtlich als Sache einzustufen. Da hier auf § 17 Abs. 1, § 18 Abs. 1 BPolG nicht zurückgegriffen werden kann, weil ein Besitzer nicht vor Ort ist, handelt die BPOL im Rahmen der unmittelbaren Ausführung (Selbstvornahme) gem. § 19 Abs. 1 BPolG.

3.3 Allgemeine Rechtmäßigkeitsvoraussetzungen/Verhältnismäßigkeit

Die Maßnahme müsste verhältnismäßig sein.

Das ist sie, wenn sie geeignet, erforderlich und angemessen ist.

Die Maßnahme müsste geeignet sein.

Die Sicherstellung ist geeignet, wenn sie objektiv zwecktauglich ist, das polizeiliche Ziel zu erreichen.

Polizeiliches Ziel ist es, den freilaufenden Hund einzufangen. Die Sicherstellung als rechtliche Maßnahme dazu ist objektiv zwecktauglich, um das polizeiliche Ziel zu erreichen. Somit ist die Maßnahme geeignet.

Weiterhin müsste die Maßnahme auch erforderlich sein.

Erforderlich ist die Maßnahme, wenn sie von mehreren möglichen und geeigneten Maßnahmen diejenige ist, die den Einzelnen und die Allgemeinheit voraussichtlich am wenigsten beeinträchtigt (§ 15 Abs. 1 BPolG).

Alternativ wäre eine Verfügung, den Hund anzuleinen, gem. § 14 Abs. 1 BPolG denkbar. Da ein Besitzer aber nicht anwesend ist, scheidet diese Maßnahme aus.

Die Sicherstellung des Gegenstandes ist bereits das mildeste Mittel, um den Erfolg herbeizuführen. Somit ist die Maßnahme auch erforderlich.

Schließlich müsste die Maßnahme auch angemessen sein.

Angemessen ist eine Maßnahme, wenn sie zu dem angestrebten Erfolg nicht erkennbar außer Verhältnis steht. Eine Rechtsgüterabwägung hat zu erfolgen (§ 15 Abs. 2 BPolG).

Die zu schützenden Rechtsgüter sind die körperliche Unversehrtheit/Gesundheit gem. Art. 2 Abs. 2 Satz 1 GG der Reisenden sowie die Sicherheit des Bahnverkehrs. Demgegenüber steht das Recht des Besitzers auf allgemeine Handlungsfreiheit gem. Art. 2 Abs. 1 GG und Eigentum gem. Art. 14 GG. Die zu schützenden Rechtsgüter überwiegen in ihrer Wertigkeit. Der Eingriff in die Grundrechte des Besitzers ist nur kurzfristig, da er den sichergestellten Gegenstand (Hund) wiederbekommt. Die Maßnahme ist nur vorübergehender Natur, zudem im Interesse des Tieres und des Besitzers und bleibt ohne Schaden für den Betroffenen. Die Maßnahme ist auch angemessen.

Die Sicherstellung ist insgesamt verhältnismäßig.

3.4 Besondere gesetzliche Pflichten/Formvorschriften

Allgemein:

- Bekanntgabe der Maßnahme (§ 41 VwVfG)
- Begründung (§ 39 VwVfG)
- Inhaltlich hinreichend bestimmt (§ 37 VwVfG)
- Rechtsbehelfsbelehrung auf Verlangen

Speziell:

- Verpflichtung zur Verwahrung (§ 48 Abs. 1 BPolG)
- Bescheinigung/Niederschrift (§ 48 Abs. 2 BPolG)
- Wertminderung vermeiden (§ 48 Abs. 3 BPolG)
- Kennzeichnung (§ 48 Abs. 4 BPolG)
- Herausgabe nach Beendigung der Maßnahme (§ 50 BPolG)
- Angemessene Unterbringung des Tieres

3.5 Feststellung der Rechtmäßigkeit der Maßnahme

Somit ist die Sicherstellung des Hundes gem. § 47 Nr. 1 BPolG insgesamt rechtmäßig.

Fall 27: Sicherstellung einer Sache beim Festhalten einer Person – § 47 Nr. 3 BPolG

Sachverhalt

Sie absolvieren Ihr bahnpolizeiliches Praktikum in der BPOLI Hamburg und sind auf dem Hauptbahnhof Hamburg eingesetzt.

Sie stellen zusammen mit PHM Beier die Identität einer straftatverdächtigen Person (S) fest. Eine fahndungsmäßige Überprüfung des S ergibt, dass gegen S ein Vollstreckungshaftbefehl vorliegt. S soll in die nächstgelegene JVA eingeliefert werden. Bei der Durchsuchung des S zur Eigensicherung vor dem Transport zur JVA finden Sie in der Jackentasche des S ein Taschenmesser.

Aufgabe

Prüfen Sie die nun vordringlich zu treffende Maßnahme hinsichtlich des Taschenmessers (Ziffer 1 bis 3.5 des Prüfschemas)!

Lösungsvorschlag

1 Entscheidung

1.1 Entscheidung zu präventivem oder repressivem Tätigwerden

Die Entscheidung zu präventivem oder repressivem Handeln ist zu treffen.

Bei S wird im Rahmen der Durchsuchung zur Eigensicherung ein Taschenmesser aufgefunden.

Noch ist kein Schaden eingetreten. Doch ohne polizeiliches Einschreiten könnte es während der Mitnahme zur Dienststelle und auch auf der Dienststelle zu einer Gefährdung der eingesetzten PVB kommen, wenn P beispielsweise gefährliche Gegenstände mit sich führt und diese dann gegen die PVB einsetzt. Es könnte zu Straftaten wie z. B. Körperverletzung gem. §§ 223 ff. StGB, Widerstand oder tätlicher Angriff gegen Vollstreckungsbeamte gem. §§ 113, 114 StGB kommen.

Betroffen wären die Rechtsgüter der öffentlichen Sicherheit, die objektive Rechtsordnung sowie die Individualrechtsgüter der Unversehrtheit/Gesundheit und Leben der PVB. Weiterhin wären als Universalrechtsgüter die Durchsetzung des Staatswillens und die damit verbundene Handlungsfähigkeit der PVB betroffen.

Es handelt sich somit um eine bevorstehende Rechtsgutverletzung als Gefahr für die öffentliche Sicherheit. Daher ist präventives Einschreiten erforderlich.

1.2 Benennung der zu treffenden Maßnahme

Bei der nun zu treffenden Maßnahme könnte es sich um eine Sicherstellung des Taschenmessers gem. § 47 Nr. 3 BPolG handeln.

2 Zuständigkeit

2.1 Sachliche Zuständigkeit

Die sachliche Zuständigkeit ergibt sich aus § 1 Abs. 2, 3, § 58 Abs. 1 BPolG i. V. m. § 1 Abs. 1 BPolZV.

2.2 Örtliche Zuständigkeit

Die örtliche Zuständigkeit ergibt sich aus § 58 Abs. 1 BPolG i. V. m. § 2 Abs. 2 Nr. 4 BPolZV.

3 Eingriff

3.1 Befugnisnorm

Zu prüfen wäre hier, ob die Voraussetzungen des § 47 Nr. 3 BPolG vorliegen.

Demnach kann die Bundespolizei eine Sache sicherstellen, wenn sie von einer festgehaltenen Person mitgeführt wird und die Sache verwendet werden kann, sich zu töten oder zu verletzen oder das Leben oder die Gesundheit anderer zu schädigen oder fremde Sachen zu beschädigen oder sich oder einem anderen die Flucht zu ermöglichen.

Zunächst müsste die Person festgehalten werden dürfen.

Festhalten ist jede Freiheitsentziehung auf rechtlicher Grundlage.

Gegen S liegt ein Vollstreckungshaftbefehl vor. S wird daher verhaftet. Das stellt eine Freiheitsentziehung gem. § 457 StPO dar, somit eine Freiheitsentziehung auf rechtlicher Grundlage. Somit darf S festgehalten werden.

Weiterhin müsste die Person eine Sache mitführen.

Mitgeführt wird eine Sache, wenn die Person unmittelbaren Zugriff darauf hat und jederzeit in der Lage ist, davon Gebrauch zu machen.

In seiner Jackentasche befindet sich ein Taschenmesser. S hat jederzeit Zugriff darauf, da sich der Gegenstand in unmittelbarer Zugriffsnähe befindet und er jederzeit davon Gebrauch machen kann. Somit führt S eine Sache mit.

Die Sache müsste vom Festgehaltenen dazu verwendet werden können, sich zu töten oder zu verletzen oder das Leben oder die Gesundheit anderer zu schädigen oder fremde Sachen zu beschädigen oder sich oder einem anderen die Flucht zu ermöglichen.

Die mitgeführte Sache müsste dazu geeignet sein, einen der o. a. Zwecke zu erfüllen. Eine konkrete Gefahr oder Gebrauchsabsicht braucht nicht vorzuliegen.

Das Taschenmesser ist dazu geeignet und bestimmt zu schneiden. Eine missbräuchliche Anwendung des Taschenmessers ist in der vorliegenden Situation nicht auszuschließen. Das Messer kann leicht dazu eingesetzt werden, sich zu töten oder zu verletzen oder das Leben oder die Gesundheit anderer zu schädigen oder fremde Sachen zu beschädigen oder sich oder einem anderen die Flucht zu ermöglichen.

Insgesamt sind alle Voraussetzungen der Sicherstellung gem. § 47 Nr. 3 BPolG gegeben.

3.2 Adressat

Die Maßnahme müsste sich gegen den richtigen Adressaten richten. Hier ist der S der Adressat, der festgehalten werden darf. Eine Gefahr muss nicht konkret von ihm ausgehen. Der Adressat ergibt sich aus der Befugnis selbst. Es handelt sich um den Normadressaten gem. § 20 Abs. 2 i. V. m. § 47 Nr. 3 BPolG.

3.3 Allgemeine Rechtmäßigkeitsvoraussetzungen/Verhältnismäßigkeit

Die Maßnahme müsste verhältnismäßig sein.

Das ist sie, wenn sie geeignet, erforderlich und angemessen ist.

Die Maßnahme müsste geeignet sein.

Die Sicherstellung ist geeignet, wenn sie objektiv zwecktauglich ist, das polizeiliche Ziel zu erreichen.

Polizeiliches Ziel ist es, S im Rahmen der Eigensicherung zur JVA zu verbringen, ohne dass eine Eigen- oder Fremdgefährdung entsteht. Durch eine Sicherstellung des aufgefundenen Taschenmessers kann eine etwaige Benutzung dieses gefährlichen Gegenstandes unterbunden werden. Die Sicherstellung ist objektiv zwecktauglich, das polizeiliche Ziel zu erreichen. Die Maßnahme ist somit geeignet.

Weiterhin müsste die Maßnahme auch erforderlich sein.

Erforderlich ist die Maßnahme, wenn sie von mehreren möglichen und geeigneten Maßnahmen diejenige ist, die den Einzelnen und die Allgemeinheit voraussichtlich am wenigsten beeinträchtigt (§ 15 Abs. 1 BPolG).

Alternativ wäre ein Beobachten gem. § 21 Abs. 1 BPolG des S während des Transportes zur JVA denkbar. Ebenso wie eine Aufforderung, einen Angriff mit dem Messer gem. § 14 Abs. 1 BPolG zu unterlassen. Aufgrund der akuten Gefahrensituation kommen diese Maßnahmen hier aber nicht in Betracht. Es besteht die Gefahr, dass die PVB zu spät auf die Situation und etwaige Angriffe des S reagieren. Die Sicherstellung des Gegenstandes ist bereits das mildeste Mittel, um den Erfolg herbeizuführen. Somit ist die Maßnahme auch erforderlich.

Schließlich müsste die Maßnahme auch angemessen sein.

Angemessen ist eine Maßnahme, wenn sie zu dem angestrebten Erfolg nicht erkennbar außer Verhältnis steht. Eine Rechtsgüterabwägung hat zu erfolgen (§ 15 Abs. 2 BPolG).

Geschützte Rechtsgüter sind hier das Recht auf körperliche Unversehrtheit/Gesundheit sowie Leben gem. Art. 2 Abs. 2 Satz 1 GG der PVB. Weiterhin ist als Universalrechtsgut die Durchsetzung des Staatswillens und die damit verbundene Handlungsfähigkeit der PVB betroffen. Demgegenüber steht das Recht des S auf allgemeine Handlungsfreiheit gem. Art. 2 Abs. 1 GG und Eigentum gem. Art. 14 GG. Die zu schützenden Rechtsgüter überwiegen in ihrer Wertigkeit. Der Eingriff in die Grundrechte des S ist nur kurzfristig, da er den sichergestellten Gegenstand (Taschenmesser) wiederbekommt. Die Maßnahme ist nur vorübergehender Natur. Zudem verursacht die Maßnahme keinen Schaden bei dem Betroffenen. Die Maßnahme ist auch angemessen.

Die Sicherstellung ist insgesamt verhältnismäßig.

3.4 Besondere gesetzliche Pflichten/Formvorschriften

Allgemein:

- Bekanntgabe der Maßnahme (§ 41 VwVfG)
- Begründung (§ 39 VwVfG)

- Inhaltlich hinreichend bestimmt (§ 37 VwVfG)
- Rechtsbehelfsbelehrung auf Verlangen

Speziell:

- Verpflichtung zur Verwahrung (§ 48 Abs. 1 BPolG)
- Bescheinigung/Niederschrift (§ 48 Abs. 2 BPolG)
- Wertminderung vermeiden (§ 48 Abs. 3 BPolG)
- Kennzeichnung (§ 48 Abs. 4 BPolG)
- Herausgabe nach Beendigung der Maßnahme (§ 50 BPolG)

3.5 Feststellung der Rechtmäßigkeit der Maßnahme

Somit ist die Sicherstellung des Taschenmessers gem. § 47 Nr. 3 BPolG insgesamt rechtmäßig.

Anhang

1. Gesetz über die Bundespolizei (Bundespolizeigesetz – BPolG)

– Auszug –

§ 1 Allgemeines

(1) Die Bundespolizei wird in bundeseigener Verwaltung geführt. Sie ist eine Polizei des Bundes im Geschäftsbereich des Bundesministeriums des Innern, für Bau und Heimat.

(2) Der Bundespolizei obliegen die Aufgaben, die ihr entweder durch dieses Gesetz übertragen werden oder ihr bis zum 1. November 1994 durch ein anderes Bundesgesetz oder auf Grund eines Bundesgesetzes zugewiesen worden sind.

(3) Die Bundespolizei sichert ihre Behörden, Verbände, Einheiten und sonstigen Einrichtungen gegen Gefahren, die die Durchführung ihrer Aufgaben beeinträchtigen, in eigener Zuständigkeit. Die Sicherung beschränkt sich auf die in Satz 1 bezeichneten Einrichtungen sowie auf die Grundstücke, auf denen diese Einrichtungen untergebracht sind.

(4) Der Schutz privater Rechte obliegt der Bundespolizei im Rahmen ihrer Aufgaben nur dann, wenn gerichtlicher Schutz nicht rechtzeitig zu erlangen ist und ohne Hilfe der Bundespolizei die Verwirklichung des Rechts vereitelt oder wesentlich erschwert würde.

(5) Die der Bundespolizei obliegenden Aufgaben der Gefahrenabwehr umfassen auch die Verhütung von Straftaten nach Maßgabe dieses Gesetzes.

(6) Werden bei der Erfüllung von Aufgaben der Bundespolizei Zuständigkeiten anderer Behörden des Bundes oder der Länder berührt, handeln die Bundespolizeibehörden im Benehmen mit den zuständigen Behörden. Ist dies nicht möglich, weil Gefahr im Verzug ist, sind die zuständigen Behörden über die getroffenen Maßnahmen unverzüglich zu unterrichten.

(7) Die Zuständigkeit der Polizei des Landes bleibt auch in den in Absatz 3 sowie in den in den §§ 2 bis 5 bezeichneten räumlichen Zuständigkeitsbereichen der Bundespolizei unberührt.

§ 2 Grenzschutz

(1) Der Bundespolizei obliegt der grenzpolizeiliche Schutz des Bundesgebietes (Grenzschutz), soweit nicht ein Land im Einvernehmen mit dem Bund Aufgaben des grenzpolizeilichen Einzeldienstes mit eigenen Kräften wahrnimmt.

(2) Der Grenzschutz umfaßt

1. die polizeiliche Überwachung der Grenzen,
2. die polizeiliche Kontrolle des grenzüberschreitenden Verkehrs einschließlich
   a) der Überprüfung der Grenzübertrittspapiere und der Berechtigung zum Grenzübertritt,
   b) der Grenzfahndung,
   c) der Abwehr von Gefahren,
3. im Grenzgebiet bis zu einer Tiefe von 30 Kilometern und von der seewärtigen Begrenzung an bis zu einer Tiefe von 50 Kilometern die Abwehr von Gefahren, die die Sicherheit der Grenze beeinträchtigen.

Das Bundesministerium des Innern, für Bau und Heimat wird ermächtigt, zur Sicherung des Grenzraumes das in Satz 1 Nr. 3 bezeichnete Gebiet von der seewärtigen Begrenzung an durch Rechtsverordnung mit Zustimmung des Bundesrates auszudehnen, soweit die Grenzüberwachung im deutschen Küstengebiet dies erfordert. In der Rechtsverordnung ist der Verlauf der rückwärtigen Begrenzungslinie des erweiterten Grenzgebietes genau zu bezeichnen. Von der seewärtigen Begrenzung an darf diese Linie eine Tiefe von 80 Kilometern nicht überschreiten.

(3) Das Einvernehmen nach Absatz 1 ist in einer schriftlichen Vereinbarung zwischen dem Bundesministerium des Innern, für Bau und Heimat und dem beteiligten Land herzustellen, die im Bundesanzeiger bekanntzugeben ist. In der Vereinbarung ist die Zusammenarbeit zwischen der Bundespolizei und der Polizei des Landes zu regeln.

(4) Nimmt die Polizei eines Landes Aufgaben nach Absatz 1 im Einvernehmen mit dem Bund mit eigenen Kräften wahr, richtet sich die Durchführung der Aufgaben nach dem für die Polizei des Landes geltenden Recht.

§ 3 Bahnpolizei

(1) Die Bundespolizei hat die Aufgabe, auf dem Gebiet der Bahnanlagen der Eisenbahnen des Bundes Gefahren für die öffentliche Sicherheit oder Ordnung abzuwehren, die

1. den Benutzern, den Anlagen oder dem Betrieb der Bahn drohen oder
2. beim Betrieb der Bahn entstehen oder von den Bahnanlagen ausgehen.

(2) Die durch die Erfüllung der Aufgaben nach Absatz 1 begünstigten Verkehrsunternehmen sind verpflichtet, der Bundespolizei für die erlangten Vorteile einen angemessenen Ausgleich zu leisten. Das Bundesministerium des Innern, für Bau und Heimat wird ermächtigt, durch Rechtsverordnung im Einvernehmen mit dem Bundesministerium für Verkehr und digitale Infrastruktur für den zu leistenden Ausgleich einen Prozentsatz festzusetzen, der 50 Prozent des Gesamtaufwandes der Bundespolizei für die Erfüllung der Aufgaben nach Absatz 1 nicht überschreiten darf. Dabei sind insbesondere die erlangten Vorteile und die wirtschaftliche Leistungsfähigkeit des Verkehrsunternehmens zu berücksichtigen. Sind mehrere Verkehrsunternehmen begünstigt, ist für jedes Unternehmen nach Maßgabe des Satzes 3 gesondert ein Prozentsatz festzusetzen; die Summe dieser Prozentsätze darf 50 Prozent des Gesamtaufwandes nicht überschreiten. Die Ausgleichsbeträge werden durch die in der Rechtsverordnung nach § 58 Abs. 1 bestimmte Bundespolizeibehörde erhoben.

§ 4 Luftsicherheit

Der Bundespolizei obliegt der Schutz vor Angriffen auf die Sicherheit des Luftverkehrs nach den §§ 3, 5, 9 Absatz 1a und § 10a Absatz 2 des Luftsicherheitsgesetzes, soweit diese Aufgaben nach § 16 Absatz 3a und 3b des Luftsicherheitsgesetzes in bundeseigener Verwaltung ausgeführt werden. In den Fällen des § 16 Absatz 3b des Luftsicherheitsgesetzes gilt dies nur, soweit ihr die Aufgaben durch das Bundesministerium für Verkehr und digitale Infrastruktur im Einvernehmen mit dem Bundesministerium des Innern, für Bau und Heimat übertragen worden sind.

§ 14 Allgemeine Befugnisse

(1) Die Bundespolizei kann zur Erfüllung ihrer Aufgaben nach den §§ 1 bis 7 die notwendigen Maßnahmen treffen, um eine Gefahr abzuwehren, soweit nicht dieses Gesetz die Befugnisse der Bundespolizei besonders regelt.

(2) Gefahr im Sinne dieses Abschnitts ist eine im Einzelfall bestehende Gefahr für die öffentliche Sicherheit oder Ordnung im Bereich der Aufgaben, die der Bundespolizei nach den §§ 1 bis 7 obliegen. Eine erhebliche Gefahr im Sinne dieses Abschnitts ist eine Gefahr für ein bedeutsames Rechtsgut, wie Bestand des Staates, Leben, Gesundheit, Freiheit, wesentliche Vermögenswerte oder andere strafrechtlich geschützte Güter von erheblicher Bedeutung für die Allgemeinheit.

(3) Zur Erfüllung der Aufgaben, die der Bundespolizei durch andere Rechtsvorschriften des Bundes zugewiesen sind, hat sie die dort vorgesehenen Befugnisse. Soweit solche Rechtsvorschriften Befugnisse nicht oder nicht abschließend regeln, hat die Bundespolizei die Befugnisse, die ihr nach diesem Gesetz zustehen. Satz 2 gilt auch für die Befugnisse der Bundespolizei im Rahmen der Aufgaben zum Schutz vor Angriffen auf die Sicherheit des Luftverkehrs nach § 4, soweit § 5 des Luftsicherheitsgesetzes keine Regelungen enthält.

§ 15 Grundsatz der Verhältnismäßigkeit

(1) Von mehreren möglichen und geeigneten Maßnahmen ist diejenige zu treffen, die den einzelnen und die Allgemeinheit voraussichtlich am wenigsten beeinträchtigt.

(2) Eine Maßnahme darf nicht zu einem Nachteil führen, der zu dem erstrebten Erfolg erkennbar außer Verhältnis steht.

(3) Eine Maßnahme ist nur so lange zulässig, bis ihr Zweck erreicht ist oder sich zeigt, daß er nicht erreicht werden kann.

§ 17 Verantwortlichkeit für das Verhalten von Personen

(1) Verursacht eine Person eine Gefahr, so sind die Maßnahmen gegen sie zu richten.

(2) Ist die Person noch nicht vierzehn Jahre alt, so können die Maßnahmen auch gegen die Person gerichtet werden, die zur Aufsicht über sie verpflichtet ist. Ist für die Person ein Betreuer bestellt, so können die Maßnahmen auch gegen den Betreuer im Rahmen seines Aufgabenbereichs gerichtet werden.

(3) Verursacht eine Person, die zu einer Verrichtung bestellt ist, die Gefahr in Ausführung der Verrichtung, so können Maßnahmen auch gegen die Person gerichtet werden, die andere zu der Verrichtung bestellt hat.

§ 18 Verantwortlichkeit für das Verhalten von Tieren oder den Zustand von Sachen

(1) Geht von einem Tier oder einer Sache eine Gefahr aus, so sind die Maßnahmen gegen den Inhaber der tatsächlichen Gewalt zu richten. Die nachfolgenden für Sachen geltenden Vorschriften sind auf Tiere entsprechend anzuwenden.

(2) Maßnahmen können auch gegen den Eigentümer oder einen anderen Berechtigten gerichtet werden. Dies gilt nicht, wenn der Inhaber der tatsächlichen Gewalt diese ohne den Willen des Eigentümers oder Berechtigten ausübt.

(3) Geht die Gefahr von einer herrenlosen Sache aus, so können die Maßnahmen gegen denjenigen gerichtet werden, der das Eigentum an der Sache aufgegeben hat.

§ 19 Unmittelbare Ausführung einer Maßnahme

(1) Die Bundespolizei kann eine Maßnahme selbst oder durch einen Beauftragten unmittelbar ausführen, wenn der Zweck der Maßnahme durch Inanspruchnahme der nach § 17 oder § 18 Verantwortlichen nicht oder nicht rechtzeitig erreicht werden kann. Der von der Maßnahme Betroffene ist unverzüglich zu unterrichten.

(2) Entstehen der Bundespolizei durch die unmittelbare Ausführung einer Maßnahme Kosten, so sind die nach § 17 oder § 18 Verantwortlichen zum Ersatz verpflichtet. Mehrere Verantwortliche haften als Gesamtschuldner. Die Kosten können im Verwaltungsvollstreckungsverfahren beigetrieben werden.

§ 20 Inanspruchnahme nicht verantwortlicher Personen

(1) Die Bundespolizei kann Maßnahmen gegen andere Personen als die nach § 17 oder § 18 Verantwortlichen richten, wenn

1. eine gegenwärtige erhebliche Gefahr abzuwehren ist,
2. Maßnahmen gegen die nach § 17 oder § 18 Verantwortlichen nicht oder nicht rechtzeitig möglich sind oder keinen Erfolg versprechen,
3. die Bundespolizei die Gefahr nicht oder nicht rechtzeitig selbst oder durch einen Beauftragten abwehren kann und
4. die Personen ohne erhebliche eigene Gefährdung und ohne Verletzung höherwertiger Pflichten in Anspruch genommen werden können.

Die Maßnahmen dürfen nur aufrechterhalten werden, solange die Abwehr der Gefahr nicht auf andere Weise möglich ist.

(2) Die Bundespolizei kann ferner Maßnahmen gegen andere Personen als die nach § 17 oder § 18 Verantwortlichen richten, soweit sich dies aus den nachfolgenden Vorschriften dieses Abschnitts ergibt.

§ 21 Erhebung personenbezogener Daten

(1) Die Bundespolizei kann, sofern in diesem Abschnitt nichts anderes bestimmt ist, personenbezogene Daten erheben, soweit dies zur Erfüllung einer ihr obliegenden Aufgabe erforderlich ist.

(2) Zur Verhütung von Straftaten ist eine Erhebung personenbezogener Daten nur zulässig, soweit Tatsachen die Annahme rechtfertigen, daß

1. die Person Straftaten im Sinne des § 12 Abs. 1 mit erheblicher Bedeutung begehen will und die Daten zur Verhütung solcher Straftaten erforderlich sind oder
2. die Person mit einer in Nummer 1 genannten Person in einer Weise in Verbindung steht oder eine solche Verbindung hergestellt wird, die erwarten läßt, daß die Maßnahme zur Verhütung von Straftaten im Sinne der Nummer 1 führen wird und dies auf andere Weise aussichtslos oder wesentlich erschwert wäre.

(3) Personenbezogene Daten sind offen und beim Betroffenen zu erheben. Sie können bei anderen öffentlichen oder bei nicht-öffentlichen Stellen erhoben werden, wenn die Erhebung beim Betroffenen nicht möglich ist oder durch sie die Erfüllung der der Bundespolizei obliegenden Aufgaben gefährdet oder erheblich erschwert würde. Eine Datenerhebung, die nicht als Maßnahme der Bundespolizei erkennbar sein soll, ist nur zulässig, wenn auf andere Weise die Erfüllung der der Bundespolizei obliegenden Aufgaben erheblich gefährdet wird oder wenn anzunehmen ist, daß dies dem überwiegenden Interesse der betroffenen Person entspricht.

(4) Werden personenbezogene Daten beim Betroffenen oder bei nicht-öffentlichen Stellen erhoben, sind diese auf Verlangen auf den Umfang ihrer Auskunftspflicht und auf die Rechtsgrundlage der Datenerhebung hinzuweisen. Der Hinweis kann unterbleiben, wenn durch ihn die Erfüllung der Aufgaben der Bundespolizei gefährdet oder erheblich erschwert würde. Sofern eine Auskunftspflicht nicht besteht, ist auf die Freiwilligkeit der Auskunft hinzuweisen.

§ 22 Befragung und Auskunftspflicht

(1) Die Bundespolizei kann eine Person befragen, wenn Tatsachen die Annahme rechtfertigen, daß die Person sachdienliche Angaben für die Erfüllung einer bestimmten der Bundespolizei obliegenden Aufgabe machen kann. Zum Zwecke der Befragung kann die Person angehalten werden. Auf Verlangen hat die Person mitgeführte Ausweispapiere zur Prüfung auszuhändigen.

(1a) Zur Verhinderung oder Unterbindung unerlaubter Einreise in das Bundesgebiet kann die Bundespolizei in Zügen und auf dem Gebiet der Bahnanlagen der Eisenbahnen des Bundes (§ 3), soweit auf Grund von Lageerkenntnissen oder grenzpolizeilicher Erfahrung anzunehmen ist, daß diese zur unerlaubten Einreise genutzt werden, sowie in einer dem Luftverkehr dienenden Anlage oder Einrichtung eines Verkehrsflughafens (§ 4) mit grenzüberschreitendem Verkehr jede Person kurzzeitig anhalten, befragen und verlangen, daß mitgeführte Ausweispapiere oder Grenzübertrittspapiere zur Prüfung ausgehändigt werden, sowie mitgeführte Sachen in Augenschein nehmen.

(2) Die befragte Person ist verpflichtet, Namen, Vornamen, Tag und Ort der Geburt, Wohnanschrift und Staatsangehörigkeit anzugeben, soweit dies zur Erfüllung der Aufgaben der Bundespolizei erforderlich ist. Eine weitergehende Auskunftspflicht besteht nur für die nach den §§ 17 und 18 Verantwortlichen und unter den Voraussetzungen des § 20 Abs. 1 für die dort bezeichneten Personen sowie für die Personen, für die gesetzliche Handlungspflichten bestehen, soweit die Auskunft zur Abwehr einer Gefahr erforderlich ist.

(3) Unter den in den §§ 52 bis 55 der Strafprozeßordnung bezeichneten Voraussetzungen ist der Betroffene zur Verweigerung der Auskunft berechtigt. Dies gilt nicht, soweit die Auskunft zur Abwehr einer Gefahr für Leib, Leben oder Freiheit einer Person erforderlich ist. Die betroffene Person ist über ihr Recht zur Verweigerung der Auskunft zu belehren. Auskünfte, die gemäß Satz 2 erlangt wurden, dürfen nur für den dort bezeichneten Zweck verwendet werden.

(4) § 136a der Strafprozeßordnung gilt entsprechend. § 12 des Verwaltungsvollstreckungsgesetzes findet keine Anwendung.

§ 23 Identitätsfeststellung und Prüfung von Berechtigungsscheinen

(1) Die Bundespolizei kann die Identität einer Person feststellen

1. zur Abwehr einer Gefahr,
2. zur polizeilichen Kontrolle des grenzüberschreitenden Verkehrs,

3. im Grenzgebiet bis zu einer Tiefe von dreißig Kilometern zur Verhinderung oder Unterbindung unerlaubter Einreise in das Bundesgebiet oder zur Verhütung von Straftaten im Sinne des § 12 Abs. 1 Nr. 1 bis 4,
4. wenn die Person sich in einer Einrichtung der Bundespolizei (§ 1 Abs. 3), einer Anlage oder Einrichtung der Eisenbahnen des Bundes (§ 3), einer dem Luftverkehr dienenden Anlage oder Einrichtung eines Verkehrsflughafens (§ 4), dem Amtssitz eines Verfassungsorgans oder eines Bundesministeriums (§ 5) oder an einer Grenzübergangsstelle (§ 61) oder in unmittelbarer Nähe hiervon aufhält und Tatsachen die Annahme rechtfertigen, daß dort Straftaten begangen werden sollen, durch die in oder an diesen Objekten befindliche Personen oder diese Objekte selbst unmittelbar gefährdet sind, und die Feststellung der Identität auf Grund der Gefährdungslage oder auf die Person bezogener Anhaltspunkte erforderlich ist, oder
5. zum Schutz privater Rechte.

(1a) Das in Absatz 1 Nr. 3 genannte Grenzgebiet erstreckt sich im Küstengebiet von der seewärtigen Begrenzung an bis zu einer Tiefe von 50 Kilometern; darüber hinaus nur nach Maßgabe der Rechtsverordnung zu § 2 Abs. 2 Satz 2.

(2) Zur Erfüllung der Aufgaben nach § 7 kann die Bundespolizei ferner die Identität einer Person feststellen, wenn sie

1. sich an einem Ort aufhält, in bezug auf den Tatsachen die Annahme rechtfertigen, daß dort
   a) Personen Straftaten verabreden, vorbereiten oder verüben oder
   b) sich Straftäter verbergen,
2. sich in einer Verkehrs- oder Versorgungsanlage oder -einrichtung, einem öffentlichen Verkehrsmittel, Amtsgebäude oder einem anderen besonders gefährdeten Objekt oder in unmittelbarer Nähe hiervon aufhält und Tatsachen die Annahme rechtfertigen, daß dort Straftaten begangen werden sollen, durch die in oder an diesen Objekten befindliche Personen oder diese Objekte selbst unmittelbar gefährdet sind, und die Feststellung der Identität auf Grund der Gefährdungslage oder auf die Person bezogener Anhaltspunkte erforderlich ist, oder
3. an einer Kontrollstelle angetroffen wird, die von der Bundespolizei eingerichtet worden ist, um
   a) Straftaten von erheblicher Bedeutung oder
   b) Straftaten im Sinne des § 27 des Versammlungsgesetzes
4. zu verhindern, für deren Begehung Tatsachen sprechen.

(3) Die Bundespolizei kann zur Feststellung der Identität die erforderlichen Maßnahmen treffen. Sie kann den Betroffenen insbesondere anhalten, ihn nach seinen Personalien befragen und verlangen, daß er Ausweispapiere zur Prüfung aushändigt. Bei der polizeilichen Kontrolle des grenzüberschreitenden Verkehrs kann die Bundespolizei ferner verlangen, daß der Betroffene Grenzübertrittspapiere vorlegt. Der Betroffene kann festgehalten und zur Dienststelle mitgenommen werden, wenn seine Identität oder seine Berechtigung zum Grenzübertritt auf andere Weise nicht oder nur unter erheblichen Schwierigkeiten festgestellt werden kann. Unter den Voraussetzungen des Satzes 4 können der Betroffene sowie die von ihm mitgeführten Sachen nach Gegenständen, die der Identitätsfeststellung dienen, durchsucht werden.

(4) Die Bundespolizei kann, soweit es zur Erfüllung ihrer Aufgaben erforderlich ist, verlangen, daß Berechtigungsscheine, Bescheinigungen, Nachweise oder sonstige Urkunden zur Prüfung ausgehändigt werden, wenn der Betroffene auf Grund einer Rechtsvorschrift verpflichtet ist, diese Urkunden mitzuführen.

(5) Die Bundespolizei kann verlangen, daß sich Personen ausweisen, die eine Einrichtung der Bundespolizei (§ 1 Abs. 3) oder den Amtssitz eines Verfassungsorganes oder eines Bundesministeriums (§ 5) betreten wollen oder darin angetroffen werden. Von den in Satz 1 bezeichneten Personen mitgeführte Sachen können bei der Einlaßkontrolle durchsucht werden, wenn dies auf Grund der Gefährdungslage oder auf die Person bezogener Anhaltspunkte erforderlich ist.

§ 38 Platzverweisung

Die Bundespolizei kann zur Abwehr einer Gefahr eine Person vorübergehend von einem Ort verweisen oder ihr vorübergehend das Betreten eines Ortes verbieten.

§ 39 Gewahrsam

(1) Die Bundespolizei kann eine Person in Gewahrsam nehmen, wenn dies

1. zum Schutz der Person gegen eine Gefahr für Leib oder Leben erforderlich ist, insbesondere weil die Person sich erkennbar in einem die freie Willensbestimmung ausschließenden Zustand oder sonst in hilfloser Lage befindet,
2. unerläßlich ist, um eine Platzverweisung nach § 38 durchzusetzen, oder

3. unerläßlich ist, um die unmittelbar bevorstehende Begehung oder Fortsetzung einer Straftat oder einer Ordnungswidrigkeit von erheblicher Bedeutung für die Allgemeinheit zu verhindern.

(2) Die Bundespolizei kann Minderjährige, die der Obhut des Personensorgeberechtigten widerrechtlich entzogen wurden oder sich dieser entzogen haben, in Gewahrsam nehmen, damit sie dem Sorgeberechtigten oder dem Jugendamt zugeführt werden können.

(3) Die Bundespolizei kann eine Person, die aus dem Vollzug von Untersuchungshaft, Freiheitsstrafen, Jugendstrafen oder freiheitsentziehenden Maßregeln der Besserung und Sicherung entwichen ist oder sich sonst ohne Erlaubnis außerhalb der Justizvollzugsanstalt oder einer Anstalt nach den §§ 63 und 64 des Strafgesetzbuches aufhält, in Gewahrsam nehmen, damit sie in die Anstalt zurückgebracht werden kann.

(4) Die Bundespolizei kann eine Person in Gewahrsam nehmen, um einem Ersuchen, das eine Freiheitsentziehung zum Inhalt hat, nachzukommen.

§ 40 Richterliche Entscheidung

(1) Wird eine Person auf Grund des § 23 Abs. 3 Satz 4, § 25 Abs. 3, § 39 Abs. 1 oder 2 oder § 43 Abs. 5 festgehalten, hat die Bundespolizei unverzüglich eine richterliche Entscheidung über Zulässigkeit und Fortdauer der Freiheitsentziehung herbeizuführen, es sei denn, die Herbeiführung der richterlichen Entscheidung würde voraussichtlich längere Zeit in Anspruch nehmen, als zur Durchführung der Maßnahme notwendig wäre.

(2) Für die Entscheidung nach Absatz 1 ist das Amtsgericht zuständig, in dessen Bezirk die Person festgehalten wird. Das Verfahren richtet sich nach Buch 7 des Gesetzes über das Verfahren in Familiensachen und in den Angelegenheiten der freiwilligen Gerichtsbarkeit.

(3) Im Fall des § 39 Abs. 4 hat die ersuchende Behörde der Bundespolizei mit dem Ersuchen auch die richterliche Entscheidung über die Zulässigkeit der Freiheitsentziehung vorzulegen. Ist eine vorherige richterliche Entscheidung nicht ergangen, hat die Bundespolizei die festgehaltene Person zu entlassen, wenn die ersuchende Behörde diese nicht übernimmt oder die richterliche Entscheidung nicht unverzüglich nachträglich beantragt.

§ 41 Behandlung festgehaltener Personen

(1) Wird eine Person auf Grund des § 23 Abs. 3 Satz 4, § 25 Abs. 3, § 39 oder § 43 Abs. 5 festgehalten, sind ihr unverzüglich der Grund dieser Maßnahme und die zulässigen Rechtsbehelfe bekanntzugeben.

(2) Der festgehaltenen Person ist unverzüglich Gelegenheit zu geben, einen Angehörigen oder eine Person ihres Vertrauens zu benachrichtigen, soweit dadurch der Zweck der Freiheitsentziehung nicht gefährdet wird. Die Bundespolizei hat die Benachrichtigung zu übernehmen, wenn die festgehaltene Person nicht in der Lage ist, von dem Recht nach Satz 1 Gebrauch zu machen und die Benachrichtigung ihrem mutmaßlichen Willen nicht widerspricht. Ist die festgehaltene Person minderjährig oder ist für sie ein Betreuer bestellt, so ist in jedem Falle unverzüglich derjenige zu benachrichtigen, dem die Sorge für die Person oder die Betreuung der Person nach dem ihm übertragenen Aufgabenkreis obliegt. Die Benachrichtigungspflicht bei einer richterlichen Freiheitsentziehung bleibt unberührt.

(3) Die festgehaltene Person soll gesondert, insbesondere ohne ihre Einwilligung nicht in demselben Raum mit Straf- oder Untersuchungsgefangenen untergebracht werden. Männer und Frauen sollen getrennt untergebracht werden. Der festgehaltenen Person dürfen nur solche Beschränkungen auferlegt werden, die der Zweck der Freiheitsentziehung oder die Ordnung im Gewahrsam erfordert.

§ 42 Dauer der Freiheitsentziehung

(1) Die festgehaltene Person ist zu entlassen,

1. sobald der Grund für die Maßnahme weggefallen ist,
2. wenn die Fortdauer der Freiheitsentziehung durch richterliche Entscheidung für unzulässig erklärt wird,
3. in jedem Falle spätestens bis zum Ende des Tages nach dem Ergreifen, wenn nicht vorher die Fortdauer der Freiheitsentziehung durch richterliche Entscheidung angeordnet ist.

Die Fortdauer der Freiheitsentziehung kann auf Grund dieses Gesetzes nur in den Fällen des § 39 Abs. 1 Nr. 3 durch richterliche Entscheidung angeordnet werden, wenn eine Straftat nach den §§ 125, 125a des Strafgesetzbuches oder eine gemeinschaftlich begangene Nötigung nach § 240 des Strafgesetzbuches begangen worden ist und Anhaltspunkte dafür vorliegen, daß der Betroffene sich an einer solchen Straftat beteiligt hat oder beteiligen wollte und ohne die Freiheitsentziehung eine Fortsetzung dieser Verhaltensweise zu erwarten ist. In der Entscheidung ist die höchstzulässige Dauer der Freiheitsentziehung zu bestimmen; sie darf nicht mehr als vier Tage betragen.

(2) Eine Freiheitsentziehung zum Zwecke der Feststellung der Identität darf die Dauer von insgesamt zwölf Stunden nicht überschreiten.

§ 43 Durchsuchung von Personen

(1) Die Bundespolizei kann außer in den Fällen des § 23 Abs. 3 Satz 5 eine Person durchsuchen, wenn

1. sie nach diesem Gesetz oder anderen Rechtsvorschriften festgehalten werden kann,
2. Tatsachen die Annahme rechtfertigen, daß sie Sachen mit sich führt, die sichergestellt werden dürfen,
3. sie sich erkennbar in einem die freie Willensbestimmung ausschließenden Zustand oder sonst in hilfloser Lage befindet oder
4. sie sich in einem Objekt im Sinne des § 23 Abs. 1 Nr. 4 oder in dessen unmittelbarer Nähe aufhält und Tatsachen die Annahme rechtfertigen, daß dort Straftaten begangen werden sollen, durch die in oder an diesen Objekten befindliche Personen oder diese Objekte selbst unmittelbar gefährdet sind, und die Durchsuchung auf Grund der Gefährdungslage oder auf die Person bezogener Anhaltspunkte erforderlich ist.

(2) Zur Erfüllung der Aufgaben nach § 7 kann die Bundespolizei ferner eine Person durchsuchen, wenn sie

1. sich an einem der in § 23 Abs. 2 Nr. 1 bezeichneten Orte aufhält oder
2. sich in einem Objekt im Sinne des § 23 Abs. 2 Nr. 2 oder in dessen unmittelbarer Nähe aufhält und Tatsachen die Annahme rechtfertigen, daß in oder an diesen Objekten Straftaten begangen werden sollen, durch die in oder an diesen Objekten befindliche Personen oder diese Objekte selbst unmittelbar gefährdet sind, und die Durchsuchung auf Grund der Gefährdungslage oder auf die Person bezogener Anhaltspunkte erforderlich ist.

(3) Die Bundespolizei kann eine Person, deren Identität nach diesem Gesetz oder anderen Rechtsvorschriften festgestellt werden soll, nach Waffen, Explosionsmitteln und anderen gefährlichen Gegenständen durchsuchen, wenn dies nach den Umständen zum Schutz des Beamten der Bundespolizei, der Person selbst oder eines Dritten gegen eine Gefahr für Leib oder Leben erforderlich ist.

(4) Personen dürfen nur von Personen gleichen Geschlechts oder von Ärzten durchsucht werden; dies gilt nicht, wenn die sofortige Durchsuchung zum Schutz gegen eine Gefahr für Leib oder Leben erforderlich ist.

(5) Die Person kann festgehalten und zur Dienststelle mitgenommen werden, wenn die Durchsuchung auf andere Weise nicht oder nur unter erheblichen Schwierigkeiten durchgeführt werden kann.

§ 44 Durchsuchung von Sachen

(1) Die Bundespolizei kann außer in den Fällen des § 23 Abs. 3 Satz 5 und Abs. 5 Satz 2 eine Sache durchsuchen, wenn

1. sie von einer Person mitgeführt wird, die nach § 43 durchsucht werden darf,
2. Tatsachen die Annahme rechtfertigen, dass sich in ihr eine Person befindet, die
   a) in Gewahrsam genommen werden darf,
   b) widerrechtlich festgehalten wird oder
   c) hilflos ist,
3. Tatsachen die Annahme rechtfertigen, dass sich in ihr eine andere Sache befindet, die sichergestellt werden darf, oder
4. sie sich in einem Objekt im Sinne des § 23 Abs. 1 Nr. 4 oder in dessen unmittelbarer Nähe befindet und Tatsachen die Annahme rechtfertigen, daß in oder an diesen Objekten Straftaten begangen werden sollen, durch die in oder an diesen Objekten befindliche Personen oder diese Objekte selbst unmittelbar gefährdet sind, und die Durchsuchung auf Grund der Gefährdungslage oder auf die Sache bezogener Anhaltspunkte erforderlich ist.

(2) Im Grenzgebiet bis zu einer Tiefe von dreißig Kilometern kann die Bundespolizei eine Sache auch zur Verhinderung oder Unterbindung unerlaubter Einreise in das Bundesgebiet oder zur Verhütung von Straftaten im Sinne des § 12 Abs. 1 Nr. 1 bis 4 durchsuchen. Das in Satz 1 genannte Grenzgebiet erstreckt sich im Küstengebiet von der seewärtigen Begrenzung an bis zu einer Tiefe von 50 Kilometern; darüber hinaus nur nach Maßgabe der Rechtsverordnung zu § 2 Abs. 2 Satz 2.

(3) Zur Erfüllung der Aufgaben nach § 7 kann die Bundespolizei ferner eine Sache durchsuchen, wenn

1. sie sich an einem der in § 23 Abs. 2 Nr. 1 bezeichneten Orte befindet,
2. sie sich in einem Objekt im Sinne des § 23 Abs. 2 Nr. 2 oder in dessen unmittelbarer Nähe befindet und Tatsachen die Annahme rechtfertigen, daß dort Straftaten begangen werden sollen, durch die in oder an diesen Objekten befindliche Personen oder diese Objekte selbst unmittelbar gefährdet sind, und die Durchsuchung auf Grund der Gefährdungslage oder auf die Sache bezogener Anhaltspunkte erforderlich ist, oder
3. es sich um ein Land-, Wasser- oder Luftfahrzeug handelt, in dem sich eine Person befindet, deren Identität nach § 23 Abs. 2 Nr. 3 festgestellt werden darf; die Durchsuchung kann sich auch auf die in dem Fahrzeug enthaltenen Sachen erstrecken.

(4) Bei der Durchsuchung von Sachen hat der Inhaber der tatsächlichen Gewalt das Recht, anwesend zu sein. Ist er abwesend, so soll sein Vertreter oder ein anderer Zeuge hinzugezogen werden. Dem Inhaber der tatsächlichen Gewalt ist auf Verlangen eine Bescheinigung über die Durchsuchung und ihren Grund zu erteilen.

§ 47 Sicherstellung

Die Bundespolizei kann eine Sache sicherstellen,

1. um eine gegenwärtige Gefahr abzuwehren,
2. um den Eigentümer oder den rechtmäßigen Inhaber der tatsächlichen Gewalt vor Verlust oder Beschädigung einer Sache zu schützen oder
3. wenn sie von einer Person mitgeführt wird, die nach diesem Gesetz oder anderen Rechtsvorschriften festgehalten wird, und die Sache verwendet werden kann, um
   a) sich zu töten oder zu verletzen,
   b) Leben oder Gesundheit anderer zu schädigen,
   c) fremde Sachen zu beschädigen oder
   d) sich oder einem anderen die Flucht zu ermöglichen oder zu erleichtern.

2. Verordnung über die Zuständigkeit der Bundespolizeibehörden (BPolZV)

– Auszug –

§ 1 Sachliche Zuständigkeiten

(1) Das Bundespolizeipräsidium als Oberbehörde und die Bundespolizeidirektionen sowie die Bundespolizeiakademie als Unterbehörden sind sachlich zuständig für die Wahrnehmung der der Bundespolizei obliegenden Aufgaben nach § 1 Abs. 2 des Bundespolizeigesetzes.

(2) Das Bundespolizeipräsidium steuert und koordiniert die bundesweite Aufgabenwahrnehmung der Bundespolizei und übt die Dienst- und Fachaufsicht über die ihm nachgeordneten Bundespolizeibehörden aus. Das Bundespolizeipräsidium kann Einsätze und Ermittlungen auch selbst führen oder Bundespolizeidirektionen mit der Führung von Einsätzen beauftragen.

(3) Für die Wahrnehmung folgender Aufgaben und Verwendungen sind sachlich zuständig:

1. das Bundespolizeipräsidium für zentral wahrzunehmende Aufgaben nach
   a) § 3 Abs. 2 Satz 5, § 28 Absatz 2 Nummer 3 und 4, § 31a Abs. 1 Satz 1 und § 69a Abs. 3 Satz 1 des Bundespolizeigesetzes,
   b) § 63 Abs. 2 bis 4 in Verbindung mit § 71 Abs. 3 des Aufenthaltsgesetzes sowie nach § 3 Abs. 2 und § 74a Satz 2 des Aufenthaltsgesetzes,
   c) § 12d Abs. 3 des Atomgesetzes,
   d) § 1 Abs. 1 des Antiterrordateigesetzes,
   e) § 12 Abs. 1 Nr. 3 des Sicherheitsüberprüfungsgesetzes,
   f) § 6 Abs. 1 Nr. 2 und § 32 Abs. 1 Nr. 1 des Ausländerzentralregistergesetzes sowie nach der Anlage der AZRG-Durchführungsverordnung, soweit dort jeweils auf die in dieser Rechtsverordnung bestimmte Bundespolizeibehörde verwiesen wird,
   g) § 1 Absatz 1 des Rechtsextremismus-Datei-Gesetzes;

1a. das Bundespolizeipräsidium für die Ahndung von Ordnungswidrigkeiten nach
   a) § 13 Abs. 2 des Bundespolizeigesetzes,
   b) § 26 Nr. 2 des Passgesetzes,
   c) § 10 Abs. 5 des Freizügigkeitsgesetzes/EU,

d) § 64b Abs. 3 der Eisenbahn-Bau- und Betriebsordnung,

e) § 49 Abs. 3 der Eisenbahn-Bau- und Betriebsordnung für Schmalspurbahnen,

f) § 78 der Aufenthaltsverordnung,

g) § 18 Absatz 1 Nummer 9 des Luftsicherheitsgesetzes;

2. die Bundespolizeidirektion 11 für die Aufgaben nach § 4a und Verwendungen nach § 8 Absatz 2 und § 9 Absatz 1 Nummer 2 des Bundespolizeigesetzes;
3. die Bundespolizeidirektion Bad Bramstedt für die Aufgaben nach § 6 des Bundespolizeigesetzes;
4. die jeweils örtlich zuständige Bundespolizeidirektion für die Aufgaben nach
   a) § 61 Abs. 2 des Bundespolizeigesetzes,
   b) § 61 Abs. 3 des Bundespolizeigesetzes,
   c) § 1 Absatz 1 des Rechtsextremismus-Datei-Gesetzes;
5. die jeweils örtlich zuständige Bundespolizeidirektion für die Verfolgung von Ordnungswidrigkeiten nach
   a) § 13 Abs. 2 des Bundespolizeigesetzes,
   b) § 26 Nr. 2 des Passgesetzes,
   c) § 10 Abs. 5 des Freizügigkeitsgesetzes/EU,
   d) § 64b Abs. 3 der Eisenbahn-Bau- und Betriebsordnung,
   e) § 49 Abs. 3 der Eisenbahn-Bau- und Betriebsordnung für Schmalspurbahnen,
   f) § 78 der Aufenthaltsverordnung,
   g) § 18 Absatz 1 Nummer 9 des Luftsicherheitsgesetzes.

Dies schließt die Zuständigkeit für die Erteilung von Verwarnungen bei geringfügigen Ordnungswidrigkeiten ein.

(4) Zu Maßnahmen nach § 31 Abs. 7 des Bundespolizeigesetzes ist ausschließlich das Bundespolizeipräsidium befugt.

(5) Es sind befugt zur Anordnung von Maßnahmen

1. nach § 22a Absatz 1 Satz 2, § 28 Absatz 3 Satz 1 in Verbindung mit § 28 Absatz 2 Nummer 1 und 2, § 30 Absatz 4 und § 31 Absatz 3 Satz 1 des Bundespolizeigesetzes
   a) die jeweils örtlich zuständigen Bundespolizeidirektionen sowie
   b) das Bundespolizeipräsidium, soweit es Aufgaben nach § 1 Absatz 2 Satz 2 im Einzelfall selbst wahrnimmt,

4. nach § 28 Absatz 3 Satz 1 in Verbindung mit § 28 Absatz 2 Nummer 3 und 4 des Bundespolizeigesetzes das Bundespolizeipräsidium, soweit sich die Zuständigkeit zur Anordnung dieser Maßnahmen nicht unmittelbar aus § 28 Absatz 3a Satz 1 oder 2 des Bundespolizeigesetzes ergibt.

(6) Die Bundespolizeiakademie ist die zentrale Aus- und Fortbildungsstätte der Bundespolizei.

(7) Die in der Unterschrift zu Abbildung 9 der Anlage II zu § 9 der Beschussverordnung genannte Bundespolizeibehörde ist die in Sankt Augustin gelegene Beschussstelle des Bundespolizeipräsidiums.

§ 2 Örtliche Zuständigkeiten

(1) Örtlich sind die Bundespolizeidirektionen wie folgt zuständig:

1. die Bundespolizeidirektion Bad Bramstedt
   a) in den Ländern Schleswig-Holstein und Mecklenburg-Vorpommern sowie
   b) auf See innerhalb und außerhalb des deutschen Küstenmeers und darüber hinaus auf den Seeschifffahrtsstraßen auf der Ems bis zur Seeschleuse Emden und auf der Jade, auf der Weser bis Bremerhaven und auf der Elbe bis zur Einfahrt zum Nord-Ostsee-Kanal;
2. die Bundespolizeidirektion Hannover im Land Niedersachsen, im Land Bremen sowie in der Freien und Hansestadt Hamburg, soweit nicht die Bundespolizeidirektion Bad Bramstedt zuständig ist;
3. die Bundespolizeidirektion Sankt Augustin im Land Nordrhein-Westfalen;
4. die Bundespolizeidirektion Koblenz in den Ländern Rheinland-Pfalz, Saarland und Hessen, soweit nicht die Bundespolizeidirektion Flughafen Frankfurt am Main zuständig ist;
5. die Bundespolizeidirektion Stuttgart im Land Baden-Württemberg;
6. die Bundespolizeidirektion München im Freistaat Bayern;
7. die Bundespolizeidirektion Pirna in den Freistaaten Sachsen und Thüringen sowie in dem Land Sachsen-Anhalt;
8. die Bundespolizeidirektion Berlin in den Ländern Berlin und Brandenburg;
9. die Bundespolizeidirektion Flughafen Frankfurt am Main auf dem Flughafen Frankfurt am Main;
10. die Direktion Bundesbereitschaftspolizei im gesamten Bundesgebiet;
11. die Bundespolizeidirektion 11 im gesamten Bundesgebiet.

(2) Abweichend von den in Absatz 1 festgelegten Zuständigkeiten sind die Bundespolizeibehörden bundesweit zuständig

1. für die Wahrnehmung bahnpolizeilicher Aufgaben nach § 3 des Bundespolizeigesetzes, soweit dafür ein Einsatz über die in Absatz 1 festgelegten Zuständigkeitsbereiche hinaus zweckmäßig ist,
2. für die Zurückschiebung an der Grenze, Abschiebungen an der Grenze und die Rückführung von Ausländern aus und in andere Staaten nach § 71 Absatz 3 Nummer 1 bis 1b und 1d des Aufenthaltsgesetzes,
3. auf Weisung des Bundesministeriums des Innern, für Bau und Heimat oder der jeweils vorgesetzten Bundespolizeibehörde, soweit diese auch für den vorgesehenen Einsatzbereich zuständig ist,
4. für die polizeiliche Sicherung eigener Einrichtungen nach § 1 Abs. 3 des Bundespolizeigesetzes.

3. Schema für die rechtliche Begründung von Eingriffsmaßnahmen

1 Entscheidung
- 1.1 Entscheidung zu präventivem oder repressivem Handeln
- 1.2 Benennung der zu treffenden Maßnahmen

2 Zuständigkeit
- 2.1 Sachliche Zuständigkeit
- 2.2 Örtliche Zuständigkeit

3 Eingriff
- 3.1 Befugnisnorm
- 3.2 Adressat
- 3.3 Allgemeine Rechtmäßigkeitsvoraussetzungen/Verhältnismäßigkeit
- 3.4 Besondere gesetzliche Pflichten/Formvorschriften
- 3.5 Feststellung der Rechtmäßigkeit der Maßnahme

4 Zwang
- 4.1 Benennung der Art des Zwanges
- 4.2 Zulässigkeit der Vollstreckung
- 4.3 Adressat des Verwaltungszwanges
- 4.4 Zur Anwendung unmittelbaren Zwanges berechtigte Personen
- 4.5 Besondere Vorschriften
  - Androhung
  - Besondere Anforderungen
- 4.6 Allgemeine Rechtmäßigkeitsvoraussetzungen/Verhältnismäßigkeit
- 4.7 Feststellung der Rechtmäßigkeit der zwangsweisen Durchsetzung dieser Maßnahme